대한민국 법령 시리즈 247

지방자치법

법령

시행령

해광출판사

머리말

이 책은 방대한 법전을 보지 않고 간편하게 해당되는 법령만 참고해서 볼 수 있도록 하였습니다. 공공기관이나 관련 종사자들이 쉽고 간편하게 해당 법령을 참조 할 수 있도록 하였습니다.

특히 해당법률은 물론 관련 시행령을 함께 실어 관련법을 서로 참고할 수 있게 하였습니다.

법률이라는 것이 크든 작든 항상 변하는 관계로, 출간 이후의 정확하고 최신의 법률은 법제처 국가법령정보센터에서 확인이 가능하니 법률의 실제 적용 시 확인이 필요한 점 유의하기를 바랍니다.

편집부

* 수록 법률은 법제처 국가법령정보센터에서 확인 가능합니다.
* 발행일 기준 시행 법률이므로 최신 법령은 위 센터에서 볼 수 있습니다.
* 본 책자에 수록된 법률의 문구에 대하여 법적인 효력은 없으며,
  실제 적용 법률은 위 센터에서 최신의 법률로 확인하시기 바랍니다.
* 해당 법령과 함께 시행령, 시행규칙도 수록되어 있습니다.
* 발행일 기준으로 개정 예정 법률은 밑줄로 별도 표시되어 있으며,
  보다 정확한 것은 법제처에서 확인하기 바랍니다.

목차

지방자치법 / 7

지방자치법 시행령 / 123

지방자치법

[시행 2024. 5. 17.] [법률 제19951호, 2024. 1. 9., 타법개정]

제1장 총강(總綱)

제1절 총칙

제1조(목적)

제2조(지방자치단체의 종류)

제3조(지방자치단체의 법인격과 관할)

제4조(지방자치단체의 기관구성 형태의 특례)

제2절 지방자치단체의 관할 구역

제5조(지방자치단체의 명칭과 구역)

제6조(지방자치단체의 관할 구역 경계변경 등)

제7조(자치구가 아닌 구와 읍 · 면 · 동 등의 명칭과 구역)

제8조(구역의 변경 또는 폐지 · 설치 · 분리 · 합병 시의 사무와 재산의 승계)

제9조(사무소의 소재지)

제10조(시 · 읍의 설치기준 등)

제3절 지방자치단체의 기능과 사무

제11조(사무배분의 기본원칙)

제12조(사무처리의 기본원칙)

제13조(지방자치단체의 사무 범위)

제14조(지방자치단체의 종류별 사무배분기준)

제15조(국가사무의 처리 제한)

제15조의2(자치분권 사전협의)

제2장 주민

제16조(주민의 자격)

제17조(주민의 권리)

제18조(주민투표)

제19조(조례의 제정과 개정 · 폐지 청구)

제20조(규칙의 제정과 개정 · 폐지 의견 제출)

제21조(주민의 감사 청구)

제22조(주민소송)

제23조(손해배상금 등의 지급청구 등)
제24조(변상명령 등)
제25조(주민소환)
제26조(주민에 대한 정보공개)
제27조(주민의 의무)
제3장 조례와 규칙
제28조(조례)
제29조(규칙)
제30조(조례와 규칙의 입법한계)
제31조(지방자치단체를 신설하거나 격을 변경할 때의 조례·규칙 시행)
제32조(조례와 규칙의 제정 절차 등)
제33조(조례와 규칙의 공포 방법 등)
제34조(조례 위반에 대한 과태료)
제35조(보고)
제4장 선거
제36조(지방선거에 관한 법률의 제정)
제5장 지방의회
제1절 조직
제37조(의회의 설치)
제38조(지방의회의원의 선거)
제2절 지방의회의원
제39조(의원의 임기)
제40조(의원의 의정활동비 등)
제41조(의원의 정책지원 전문인력)
제42조(상해·사망 등의 보상)
제43조(겸직 등 금지)
제44조(의원의 의무)
제45조(의원체포 및 확정판결의 통지)
제46조(지방의회의 의무 등)
제3절 권한
제47조(지방의회의 의결사항)
제47조의2(인사청문회)
제48조(서류제출 요구)
제49조(행정사무 감사권 및 조사권)
제50조(행정사무 감사 또는 조사 보고의 처리)

제51조(행정사무처리상황의 보고와 질의응답)
제52조(의회규칙)
제4절 소집과 회기
제53조(정례회)
제54조(임시회)
제55조(제출안건의 공고)
제56조(개회 · 휴회 · 폐회와 회의일수)
제5절 의장과 부의장
제57조(의장 · 부의장의 선거와 임기)
제58조(의장의 직무)
제59조(의장 직무대리)
제60조(임시의장)
제61조(보궐선거)
제62조(의장 · 부의장 불신임의 의결)
제63조(의장 등을 선거할 때의 의장 직무 대행)
제6절 교섭단체 및 위원회 〈개정 2023. 3. 21.〉
제63조의2(교섭단체)
제64조(위원회의 설치)
제65조(윤리특별위원회)
제66조(윤리심사자문위원회)
제67조(위원회의 권한)
제68조(전문위원)
제69조(위원회에서의 방청 등)
제70조(위원회의 개회)
제71조(위원회에 관한 조례)
제7절 회의
제72조(의사정족수)
제73조(의결정족수)
제74조(표결방법)
제75조(회의의 공개 등)
제76조(의안의 발의)
제77조(조례안 예고)
제78조(의안에 대한 비용추계 자료 등의 제출)
제79조(회기계속의 원칙)
제80조(일사부재의의 원칙)
제81조(위원회에서 폐기된 의안)

제82조(의장이나 의원의 제척)
제83조(회의규칙)
제84조(회의록)
제8절 청원
제85조(청원서의 제출)
제86조(청원의 불수리)
제87조(청원의 심사 · 처리)
제88조(청원의 이송과 처리보고)
제9절 의원의 사직 · 퇴직과 자격심사
제89조(의원의 사직)
제90조(의원의 퇴직)
제91조(의원의 자격심사)
제92조(자격상실 의결)
제93조(결원의 통지)
제10절 질서
제94조(회의의 질서유지)
제95조(모욕 등 발언의 금지)
제96조(발언 방해 등의 금지)
제97조(방청인의 단속)
제11절 징계
제98조(징계의 사유)
제99조(징계의 요구)
제100조(징계의 종류와 의결)
제101조(징계에 관한 회의규칙)
제12절 사무기구와 직원
제102조(사무처 등의 설치)
제103조(사무직원의 정원과 임면 등)
제104조(사무직원의 직무와 신분보장 등)
제6장 집행기관
제1절 지방자치단체의 장
제1관 지방자치단체의 장의 직 인수위원회
제105조(지방자치단체의 장의 직 인수위원회)
제2관 지방자치단체의 장의 지위
제106조(지방자치단체의 장)
제107조(지방자치단체의 장의 선거)
제108조(지방자치단체의 장의 임기)

제109조(겸임 등의 제한)
제110조(지방자치단체의 폐지 · 설치 · 분리 · 합병과 지방자치단체의 장)
제111조(지방자치단체의 장의 사임)
제112조(지방자치단체의 장의 퇴직)
제113조(지방자치단체의 장의 체포 및 확정판결의 통지)
제3관 지방자치단체의 장의 권한
제114조(지방자치단체의 통할대표권)
제115조(국가사무의 위임)
제116조(사무의 관리 및 집행권)
제117조(사무의 위임 등)
제118조(직원에 대한 임면권 등)
제119조(사무인계)
제4관 지방의회와의 관계
제120조(지방의회의 의결에 대한 재의 요구와 제소)
제121조(예산상 집행 불가능한 의결의 재의 요구)
제122조(지방자치단체의 장의 선결처분)
제2절 보조기관
제123조(부지사 · 부시장 · 부군수 · 부구청장)
제124조(지방자치단체의 장의 권한대행 등)
제125조(행정기구와 공무원)
제3절 소속 행정기관
제126조(직속기관)
제127조(사업소)
제128조(출장소)
제129조(합의제행정기관)
제130조(자문기관의 설치 등)
제4절 하부행정기관
제131조(하부행정기관의 장)
제132조(하부행정기관의 장의 임명)
제133조(하부행정기관의 장의 직무권한)
제134조(하부행정기구)
제5절 교육 · 과학 및 체육에 관한 기관
제135조(교육 · 과학 및 체육에 관한 기관)
제7장 재무
제1절 재정 운영의 기본원칙

제136조(지방재정의 조정)
제137조(건전재정의 운영)
제138조(국가시책의 구현)
제139조(지방채무 및 지방채권의 관리)
제2절 예산과 결산
제140조(회계연도)
제141조(회계의 구분)
제142조(예산의 편성 및 의결)
제143조(계속비)
제144조(예비비)
제145조(추가경정예산)
제146조(예산이 성립하지 아니할 때의 예산 집행)
제147조(지방자치단체를 신설할 때의 예산)
제148조(재정부담이 따르는 조례 제정 등)
제149조(예산의 이송 · 고시 등)
제150조(결산)
제151조(지방자치단체가 없어졌을 때의 결산)
제3절 수입과 지출
제152조(지방세)
제153조(사용료)
제154조(수수료)
제155조(분담금)
제156조(사용료의 징수조례 등)
제157조(사용료 등의 부과 · 징수, 이의신청)
제158조(경비의 지출)
제4절 재산 및 공공시설
제159조(재산과 기금의 설치)
제160조(재산의 관리와 처분)
제161조(공공시설)
제5절 보칙
제162조(지방재정 운영에 관한 법률의 제정)
제163조(지방공기업의 설치 · 운영)
제8장 지방자치단체 상호 간의 관계
제1절 지방자치단체 간의 협력과 분쟁조정
제164조(지방자치단체 상호 간의 협력)
제165조(지방자치단체 상호 간의 분쟁조정)

제166조(지방자치단체중앙분쟁조정위원회 등의 설치와 구성 등)
제167조(분쟁조정위원회의 운영 등)
제168조(사무의 위탁)
제2절 행정협의회
제169조(행정협의회의 구성)
제170조(협의회의 조직)
제171조(협의회의 규약)
제172조(협의회의 자료제출 요구 등)
제173조(협의사항의 조정)
제174조(협의회의 협의 및 사무처리의 효력)
제175조(협의회의 규약변경 및 폐지)
제3절 지방자치단체조합
제176조(지방자치단체조합의 설립)
제177조(지방자치단체조합의 조직)
제178조(지방자치단체조합회의와 지방자치단체조합장의 권한)
제179조(지방자치단체조합의 규약)
제180조(지방자치단체조합의 지도 · 감독)
제181조(지방자치단체조합의 규약 변경 및 해산)
제4절 지방자치단체의 장 등의 협의체
제182조(지방자치단체의 장 등의 협의체)
제9장 국가와 지방자치단체 간의 관계
제183조(국가와 지방자치단체의 협력 의무)
제184조(지방자치단체의 사무에 대한 지도와 지원)
제185조(국가사무나 시 · 도 사무 처리의 지도 · 감독)
제186조(중앙지방협력회의의 설치)
제187조(중앙행정기관과 지방자치단체 간 협의 · 조정)
제188조(위법 · 부당한 명령이나 처분의 시정)
제189조(지방자치단체의 장에 대한 직무이행명령)
제190조(지방자치단체의 자치사무에 대한 감사)
제191조(지방자치단체에 대한 감사 절차 등)
제192조(지방의회 의결의 재의와 제소)
제10장 국제교류 · 협력
제193조(지방자치단체의 역할)
제194조(지방자치단체의 국제기구 지원)
제195조(해외사무소 설치 · 운영)
제11장 서울특별시 및 대도시 등과 세종특별자치시 및 제주특별자치도

의 행정특례
제196조(자치구의 재원)
제197조(특례의 인정)
제198조(대도시 등에 대한 특례 인정)
제12장 특별지방자치단체
제1절 설치
제199조(설치)
제200조(설치 권고 등)
제201조(구역)
제2절 규약과 기관 구성
제202조(규약 등)
제203조(기본계획 등)
제204조(의회의 조직 등)
제205조(집행기관의 조직 등)
제3절 운영
제206조(경비의 부담)
제207조(사무처리상황 등의 통지)
제208조(가입 및 탈퇴)
제209조(해산)
제210조(지방자치단체에 관한 규정의 준용)
제211조(다른 법률과의 관계)

**개정 예정 법률 밑줄 별도 표시.

지방자치법

[시행 2024. 5. 17.] [법률 제19951호, 2024. 1. 9., 타법개정]

제1장 총강(總綱)

제1절 총칙

제1조(목적) 이 법은 지방자치단체의 종류와 조직 및 운영, 주민의 지방자치행정 참여에 관한 사항과 국가와 지방자치단체 사이의 기본적인 관계를 정함으로써 지방자치행정을 민주적이고 능률적으로 수행하고, 지방을 균형 있게 발전시키며, 대한민국을 민주적으로 발전시키려는 것을 목적으로 한다.

제2조(지방자치단체의 종류) ① 지방자치단체는 다음의 두 가지 종류로 구분한다.

1. 특별시, 광역시, 특별자치시, 도, 특별자치도
2. 시, 군, 구

② 지방자치단체인 구(이하 "자치구"라 한다)는 특별시와 광역시의 관할 구역의 구만을 말하며, 자치구의 자치권의 범위는 법령으로 정하는 바에 따라 시 · 군과 다르게 할 수 있다.

③ 제1항의 지방자치단체 외에 특정한 목적을 수행하기 위하여 필요하면 따로 특별지방자치단체를 설치할 수 있다. 이 경우 특별지방자치단체의 설치 등에 관하여는 제12장에서 정하는 바에 따른다.

제3조(지방자치단체의 법인격과 관할) ① 지방자치단체는 법인으로

한다.

② 특별시, 광역시, 특별자치시, 도, 특별자치도(이하 "시·도"라 한다)는 정부의 직할(直轄)로 두고, 시는 도 또는 특별자치도의 관할 구역 안에, 군은 광역시·도 또는 특별자치도의 관할 구역 안에 두며, 자치구는 특별시와 광역시의 관할 구역 안에 둔다. 다만, 특별자치도의 경우에는 법률이 정하는 바에 따라 관할 구역 안에 시 또는 군을 두지 아니할 수 있다. 〈개정 2023. 6. 7.〉

③ 특별시·광역시 또는 특별자치시가 아닌 인구 50만 이상의 시에는 자치구가 아닌 구를 둘 수 있고, 군에는 읍·면을 두며, 시와 구(자치구를 포함한다)에는 동을, 읍·면에는 리를 둔다.

④ 제10조제2항에 따라 설치된 시에는 도시의 형태를 갖춘 지역에는 동을, 그 밖의 지역에는 읍·면을 두되, 자치구가 아닌 구를 둘 경우에는 그 구에 읍·면·동을 둘 수 있다.

⑤ 특별자치시와 관할 구역 안에 시 또는 군을 두지 아니하는 특별자치도의 하부행정기관에 관한 사항은 따로 법률로 정한다. 〈개정 2023. 6. 7.〉

제4조(지방자치단체의 기관구성 형태의 특례) ① 지방자치단체의 의회(이하 "지방의회"라 한다)와 집행기관에 관한 이 법의 규정에도 불구하고 따로 법률로 정하는 바에 따라 지방자치단체의 장의 선임방법을 포함한 지방자치단체의 기관구성 형태를 달리 할 수 있다.

② 제1항에 따라 지방의회와 집행기관의 구성을 달리하려는 경우에는 「주민투표법」에 따른 주민투표를 거쳐야 한다.

제2절 지방자치단체의 관할 구역

제5조(지방자치단체의 명칭과 구역) ① 지방자치단체의 명칭과 구역은 종전과 같이 하고, 명칭과 구역을 바꾸거나 지방자치단체를 폐지

하거나 설치하거나 나누거나 합칠 때에는 법률로 정한다.

② 제1항에도 불구하고 지방자치단체의 구역변경 중 관할 구역 경계변경(이하 "경계변경"이라 한다)과 지방자치단체의 한자 명칭의 변경은 대통령령으로 정한다. 이 경우 경계변경의 절차는 제6조에서 정한 절차에 따른다.

③ 다음 각 호의 어느 하나에 해당할 때에는 관계 지방의회의 의견을 들어야 한다. 다만, 「주민투표법」 제8조에 따라 주민투표를 한 경우에는 그러하지 아니하다.

1. 지방자치단체를 폐지하거나 설치하거나 나누거나 합칠 때
2. 지방자치단체의 구역을 변경할 때(경계변경을 할 때는 제외한다)
3. 지방자치단체의 명칭을 변경할 때(한자 명칭을 변경할 때를 포함한다)

④ 제1항 및 제2항에도 불구하고 다음 각 호의 지역이 속할 지방자치단체는 제5항부터 제8항까지의 규정에 따라 행정안전부장관이 결정한다.

1. 「공유수면 관리 및 매립에 관한 법률」에 따른 매립지
2. 「공간정보의 구축 및 관리 등에 관한 법률」 제2조제19호의 지적공부(이하 "지적공부"라 한다)에 등록이 누락된 토지

⑤ 제4항제1호의 경우에는 「공유수면 관리 및 매립에 관한 법률」 제28조에 따른 매립면허관청(이하 이 조에서 "면허관청"이라 한다) 또는 관련 지방자치단체의 장이 같은 법 제45조에 따른 준공검사를 하기 전에, 제4항제2호의 경우에는 「공간정보의 구축 및 관리 등에 관한 법률」 제2조제18호에 따른 지적소관청(이하 이 조에서 "지적소관청"이라 한다)이 지적공부에 등록하기 전에 각각 해당 지역의 위치, 귀속희망 지방자치단체(복수인 경우를 포함한다) 등을 명시하여 행정안전부장관에게 그 지역이 속할 지방자치단체의 결정을 신청

하여야 한다. 이 경우 제4항제1호에 따른 매립지의 매립면허를 받은 자는 면허관청에 해당 매립지가 속할 지방자치단체의 결정 신청을 요구할 수 있다.

⑥ 행정안전부장관은 제5항에 따른 신청을 받은 후 지체 없이 제5항에 따른 신청내용을 20일 이상 관보나 인터넷 홈페이지에 게재하는 등의 방법으로 널리 알려야 한다. 이 경우 알리는 방법, 의견 제출 등에 관하여는 「행정절차법」 제42조ㆍ제44조 및 제45조를 준용한다.

⑦ 행정안전부장관은 제6항에 따른 기간이 끝나면 다음 각 호에서 정하는 바에 따라 결정하고, 그 결과를 면허관청이나 지적소관청, 관계 지방자치단체의 장 등에게 통보하고 공고하여야 한다.

1. 제6항에 따른 기간 내에 신청내용에 대하여 이의가 제기된 경우: 제166조에 따른 지방자치단체중앙분쟁조정위원회(이하 이 조 및 제6조에서 "위원회"라 한다)의 심의ㆍ의결에 따라 제4항 각 호의 지역이 속할 지방자치단체를 결정

2. 제6항에 따른 기간 내에 신청내용에 대하여 이의가 제기되지 아니한 경우: 위원회의 심의ㆍ의결을 거치지 아니하고 신청내용에 따라 제4항 각 호의 지역이 속할 지방자치단체를 결정

⑧ 위원회의 위원장은 제7항제1호에 따른 심의과정에서 필요하다고 인정되면 관계 중앙행정기관 및 지방자치단체의 공무원 또는 관련 전문가를 출석시켜 의견을 듣거나 관계 기관이나 단체에 자료 및 의견 제출 등을 요구할 수 있다. 이 경우 관계 지방자치단체의 장에게는 의견을 진술할 기회를 주어야 한다.

⑨ 관계 지방자치단체의 장은 제4항부터 제7항까지의 규정에 따른 행정안전부장관의 결정에 이의가 있으면 그 결과를 통보받은 날부터 15일 이내에 대법원에 소송을 제기할 수 있다.

⑩ 행정안전부장관은 제9항에 따른 소송 결과 대법원의 인용결정이 있으면 그 취지에 따라 다시 결정하여야 한다.

⑪ 행정안전부장관은 제4항 각 호의 지역이 속할 지방자치단체 결정과 관련하여 제7항제1호에 따라 위원회의 심의를 할 때 같은 시·도 안에 있는 관계 시·군 및 자치구 상호 간 매립지 조성 비용 및 관리 비용 부담 등에 관한 조정(調整)이 필요한 경우 제165조제1항부터 제3항까지의 규정에도 불구하고 당사자의 신청 또는 직권으로 위원회의 심의·의결에 따라 조정할 수 있다. 이 경우 그 조정 결과의 통보 및 조정 결정 사항의 이행은 제165조제4항부터 제7항까지의 규정에 따른다.

제6조(지방자치단체의 관할 구역 경계변경 등) ① 지방자치단체의 장은 관할 구역과 생활권과의 불일치 등으로 인하여 주민생활에 불편이 큰 경우 등 대통령령으로 정하는 사유가 있는 경우에는 행정안전부장관에게 경계변경이 필요한 지역 등을 명시하여 경계변경에 대한 조정을 신청할 수 있다. 이 경우 지방자치단체의 장은 지방의회 재적의원 과반수의 출석과 출석의원 3분의 2 이상의 동의를 받아야 한다.

② 관계 중앙행정기관의 장 또는 둘 이상의 지방자치단체에 걸친 개발사업 등의 시행자는 대통령령으로 정하는 바에 따라 관계 지방자치단체의 장에게 제1항에 따른 경계변경에 대한 조정을 신청하여 줄 것을 요구할 수 있다.

③ 행정안전부장관은 제1항에 따른 경계변경에 대한 조정 신청을 받으면 지체 없이 그 신청 내용을 관계 지방자치단체의 장에게 통지하고, 20일 이상 관보나 인터넷 홈페이지에 게재하는 등의 방법으로 널리 알려야 한다. 이 경우 알리는 방법, 의견의 제출 등에 관하여는 「행정절차법」 제42조·제44조 및 제45조를 준용한다.

④ 행정안전부장관은 제3항에 따른 기간이 끝난 후 지체 없이 대통령령으로 정하는 바에 따라 관계 지방자치단체 등 당사자 간 경계변경에 관한 사항을 효율적으로 협의할 수 있도록 경계변경자율협의체(이하 이 조에서 "협의체"라 한다)를 구성·운영할 것을 관계 지방자치단체의 장에게 요청하여야 한다.

⑤ 관계 지방자치단체는 제4항에 따른 협의체 구성·운영 요청을 받은 후 지체 없이 협의체를 구성하고, 경계변경 여부 및 대상 등에 대하여 같은 항에 따른 행정안전부장관의 요청을 받은 날부터 120일 이내에 협의를 하여야 한다. 다만, 대통령령으로 정하는 부득이한 사유가 있는 경우에는 30일의 범위에서 그 기간을 연장할 수 있다.

⑥ 제5항에 따라 협의체를 구성한 지방자치단체의 장은 같은 항에 따른 협의 기간 이내에 협의체의 협의 결과를 행정안전부장관에게 알려야 한다.

⑦ 행정안전부장관은 다음 각 호의 어느 하나에 해당하는 경우에는 위원회의 심의·의결을 거쳐 경계변경에 대하여 조정할 수 있다.

1. 관계 지방자치단체가 제4항에 따른 행정안전부장관의 요청을 받은 날부터 120일 이내에 협의체를 구성하지 못한 경우

2. 관계 지방자치단체가 제5항에 따른 협의 기간 이내에 경계변경 여부 및 대상 등에 대하여 합의를 하지 못한 경우

⑧ 위원회는 제7항에 따라 경계변경에 대한 사항을 심의할 때에는 관계 지방의회의 의견을 들어야 하며, 관련 전문가 및 지방자치단체의 장의 의견 청취 등에 관하여는 제5조제8항을 준용한다.

⑨ 행정안전부장관은 다음 각 호의 어느 하나에 해당하는 경우 지체 없이 그 내용을 검토한 후 이를 반영하여 경계변경에 관한 대통령령안을 입안하여야 한다.

1. 제5항에 따른 협의체의 협의 결과 관계 지방자치단체 간 경계

변경에 합의를 하고, 관계 지방자치단체의 장이 제6항에 따라 그 내용을 각각 알린 경우

2. 위원회가 제7항에 따른 심의 결과 경계변경이 필요하다고 의결한 경우

⑩ 행정안전부장관은 경계변경의 조정과 관련하여 제7항에 따라 위원회의 심의를 할 때 같은 시·도 안에 있는 관계 시·군 및 자치구 상호 간 경계변경에 관련된 비용 부담, 행정적·재정적 사항 등에 관하여 조정이 필요한 경우 제165조제1항부터 제3항까지의 규정에도 불구하고 당사자의 신청 또는 직권으로 위원회의 심의·의결에 따라 조정할 수 있다. 이 경우 그 조정 결과의 통보 및 조정 결정 사항의 이행은 제165조제4항부터 제7항까지의 규정에 따른다.

제7조(자치구가 아닌 구와 읍·면·동 등의 명칭과 구역) ① 자치구가 아닌 구와 읍·면·동의 명칭과 구역은 종전과 같이 하고, 자치구가 아닌 구와 읍·면·동을 폐지하거나 설치하거나 나누거나 합칠 때에는 행정안전부장관의 승인을 받아 그 지방자치단체의 조례로 정한다. 다만, 명칭과 구역의 변경은 그 지방자치단체의 조례로 정하고, 그 결과를 특별시장·광역시장·도지사에게 보고하여야 한다.

② 리의 구역은 자연 촌락을 기준으로 하되, 그 명칭과 구역은 종전과 같이 하고, 명칭과 구역을 변경하거나 리를 폐지하거나 설치하거나 나누거나 합칠 때에는 그 지방자치단체의 조례로 정한다.

③ 인구 감소 등 행정여건 변화로 인하여 필요한 경우 그 지방자치단체의 조례로 정하는 바에 따라 2개 이상의 면을 하나의 면으로 운영하는 등 행정 운영상 면[이하 "행정면"(行政面)이라 한다]을 따로 둘 수 있다.

④ 동·리에서는 행정 능률과 주민의 편의를 위하여 그 지방자치단체의 조례로 정하는 바에 따라 하나의 동·리를 2개 이상의 동·

리로 운영하거나 2개 이상의 동·리를 하나의 동·리로 운영하는 등 행정 운영상 동(이하 "행정동"이라 한다)·리(이하 "행정리"라 한다)를 따로 둘 수 있다. 〈개정 2021. 4. 20.〉

⑤ 행정동에 그 지방자치단체의 조례로 정하는 바에 따라 통 등 하부 조직을 둘 수 있다. 〈개정 2021. 4. 20.〉

⑥ 행정리에 그 지방자치단체의 조례로 정하는 바에 따라 하부 조직을 둘 수 있다. 〈신설 2021. 4. 20.〉

제8조(구역의 변경 또는 폐지·설치·분리·합병 시의 사무와 재산의 승계) ① 지방자치단체의 구역을 변경하거나 지방자치단체를 폐지하거나 설치하거나 나누거나 합칠 때에는 새로 그 지역을 관할하게 된 지방자치단체가 그 사무와 재산을 승계한다.

② 제1항의 경우에 지역으로 지방자치단체의 사무와 재산을 구분하기 곤란하면 시·도에서는 행정안전부장관이, 시·군 및 자치구에서는 특별시장·광역시장·특별자치시장·도지사·특별자치도지사(이하 "시·도지사"라 한다)가 그 사무와 재산의 한계 및 승계할 지방자치단체를 지정한다.

제9조(사무소의 소재지) ① 지방자치단체의 사무소 소재지와 자치구가 아닌 구 및 읍·면·동의 사무소 소재지는 종전과 같이 하고, 이를 변경하거나 새로 설정하려면 지방자치단체의 조례로 정한다. 이 경우 면·동은 행정면·행정동(行政洞)을 말한다.

② 제1항의 사항을 조례로 정할 때에는 그 지방의회의 재적의원 과반수의 찬성이 있어야 한다.

제10조(시·읍의 설치기준 등) ① 시는 그 대부분이 도시의 형태를 갖추고 인구 5만 이상이 되어야 한다.

② 다음 각 호의 어느 하나에 해당하는 지역은 도농(都農) 복합형태의 시로 할 수 있다.

1. 제1항에 따라 설치된 시와 군을 통합한 지역

2. 인구 5만 이상의 도시 형태를 갖춘 지역이 있는 군

3. 인구 2만 이상의 도시 형태를 갖춘 2개 이상의 지역 인구가 5만 이상인 군. 이 경우 군의 인구는 15만 이상으로서 대통령령으로 정하는 요건을 갖추어야 한다.

4. 국가의 정책으로 인하여 도시가 형성되고, 제128조에 따라 도의 출장소가 설치된 지역으로서 그 지역의 인구가 3만 이상이며, 인구 15만 이상의 도농 복합형태의 시의 일부인 지역

③ 읍은 그 대부분이 도시의 형태를 갖추고 인구 2만 이상이 되어야 한다. 다만, 다음 각 호의 어느 하나에 해당하면 인구 2만 미만인 경우에도 읍으로 할 수 있다.

1. 군사무소 소재지의 면

2. 읍이 없는 도농 복합형태의 시에서 그 시에 있는 면 중 1개 면

④ 시 · 읍의 설치에 관한 세부기준은 대통령령으로 정한다.

제3절 지방자치단체의 기능과 사무

제11조(사무배분의 기본원칙) ① 국가는 지방자치단체가 사무를 종합적 · 자율적으로 수행할 수 있도록 국가와 지방자치단체 간 또는 지방자치단체 상호 간의 사무를 주민의 편익증진, 집행의 효과 등을 고려하여 서로 중복되지 아니하도록 배분하여야 한다.

② 국가는 제1항에 따라 사무를 배분하는 경우 지역주민생활과 밀접한 관련이 있는 사무는 원칙적으로 시 · 군 및 자치구의 사무로, 시 · 군 및 자치구가 처리하기 어려운 사무는 시 · 도의 사무로, 시 · 도가 처리하기 어려운 사무는 국가의 사무로 각각 배분하여야 한다.

③ 국가가 지방자치단체에 사무를 배분하거나 지방자치단체가 사

무를 다른 지방자치단체에 재배분할 때에는 사무를 배분받거나 재배분받는 지방자치단체가 그 사무를 자기의 책임하에 종합적으로 처리할 수 있도록 관련 사무를 포괄적으로 배분하여야 한다.

제12조(사무처리의 기본원칙) ① 지방자치단체는 사무를 처리할 때 주민의 편의와 복리증진을 위하여 노력하여야 한다.

② 지방자치단체는 조직과 운영을 합리적으로 하고 규모를 적절하게 유지하여야 한다.

③ 지방자치단체는 법령을 위반하여 사무를 처리할 수 없으며, 시·군 및 자치구는 해당 구역을 관할하는 시·도의 조례를 위반하여 사무를 처리할 수 없다.

제13조(지방자치단체의 사무 범위) ① 지방자치단체는 관할 구역의 자치사무와 법령에 따라 지방자치단체에 속하는 사무를 처리한다.

② 제1항에 따른 지방자치단체의 사무를 예시하면 다음 각 호와 같다. 다만, 법률에 이와 다른 규정이 있으면 그러하지 아니하다. 〈개정 2023. 8. 8., 2024. 1. 9.〉

1. 지방자치단체의 구역, 조직, 행정관리 등

가. 관할 구역 안 행정구역의 명칭·위치 및 구역의 조정

나. 조례·규칙의 제정·개정·폐지 및 그 운영·관리

다. 산하(傘下) 행정기관의 조직관리

라. 산하 행정기관 및 단체의 지도·감독

마. 소속 공무원의 인사·후생복지 및 교육

바. 지방세 및 지방세 외 수입의 부과 및 징수

사. 예산의 편성·집행 및 회계감사와 재산관리

아. 행정장비관리, 행정전산화 및 행정관리개선

자. 공유재산(公有財産) 관리

차. 주민등록 관리

카. 지방자치단체에 필요한 각종 조사 및 통계의 작성

2. 주민의 복지증진

가. 주민복지에 관한 사업

나. 사회복지시설의 설치 · 운영 및 관리

다. 생활이 어려운 사람의 보호 및 지원

라. 노인 · 아동 · 장애인 · 청소년 및 여성의 보호와 복지증진

마. 공공보건의료기관의 설립 · 운영

바. 감염병과 그 밖의 질병의 예방과 방역

사. 묘지 · 화장장(火葬場) 및 봉안당의 운영 · 관리

아. 공중접객업소의 위생을 개선하기 위한 지도

자. 청소, 생활폐기물의 수거 및 처리

차. 지방공기업의 설치 및 운영

3. 농림 · 수산 · 상공업 등 산업 진흥

가. 못 · 늪지 · 보(洑) 등 농업용수시설의 설치 및 관리

나. 농산물 · 임산물 · 축산물 · 수산물의 생산 및 유통 지원

다. 농업자재의 관리

라. 복합영농의 운영 · 지도

마. 농업 외 소득사업의 육성 · 지도

바. 농가 부업의 장려

사. 공유림 관리

아. 소규모 축산 개발사업 및 낙농 진흥사업

자. 가축전염병 예방

차. 지역산업의 육성 · 지원

카. 소비자 보호 및 저축 장려

타. 중소기업의 육성

파. 지역특화산업의 개발과 육성 · 지원

하. 우수지역특산품 개발과 관광민예품 개발

4. 지역개발과 자연환경보전 및 생활환경시설의 설치 · 관리

가. 지역개발사업

나. 지방 토목 · 건설사업의 시행

다. 도시 · 군계획사업의 시행

라. 지방도(地方道), 시도(市道) · 군도(郡道) · 구도(區道)의 신설 · 개선 · 보수 및 유지

마. 주거생활환경 개선의 장려 및 지원

바. 농어촌주택 개량 및 취락구조 개선

사. 자연보호활동

아. 지방하천 및 소하천의 관리

자. 상수도 · 하수도의 설치 및 관리

차. 소규모급수시설의 설치 및 관리

카. 도립공원, 광역시립공원, 군립공원, 시립공원 및 구립공원 등의 지정 및 관리

타. 도시공원 및 공원시설, 녹지, 유원지 등과 그 휴양시설의 설치 및 관리

파. 관광지, 관광단지 및 관광시설의 설치 및 관리

하. 지방 궤도사업의 경영

거. 주차장 · 교통표지 등 교통편의시설의 설치 및 관리

너. 재해대책의 수립 및 집행

더. 지역경제의 육성 및 지원

5. 교육 · 체육 · 문화 · 예술의 진흥

가. 어린이집 · 유치원 · 초등학교 · 중학교 · 고등학교 및 이에 준하는 각종 학교의 설치 · 운영 · 지도

나. 도서관 · 운동장 · 광장 · 체육관 · 박물관 · 공연장 · 미술관 · 음

악당 등 공공교육 · 체육 · 문화시설의 설치 및 관리

다. 시 · 도유산의 지정 · 등록 · 보존 및 관리

라. 지방문화 · 예술의 진흥

마. 지방문화 · 예술단체의 육성

6. 지역민방위 및 지방소방

가. 지역 및 직장 민방위조직(의용소방대를 포함한다)의 편성과 운영 및 지도 · 감독

나. 지역의 화재예방 · 경계 · 진압 · 조사 및 구조 · 구급

7. 국제교류 및 협력

가. 국제기구 · 행사 · 대회의 유치 · 지원

나. 외국 지방자치단체와의 교류 · 협력

제14조(지방자치단체의 종류별 사무배분기준) ① 제13조에 따른 지방자치단체의 사무를 지방자치단체의 종류별로 배분하는 기준은 다음 각 호와 같다. 다만, 제13조제2항제1호의 사무는 각 지방자치단체에 공통된 사무로 한다.

1. 시 · 도

가. 행정처리 결과가 2개 이상의 시 · 군 및 자치구에 미치는 광역적 사무

나. 시 · 도 단위로 동일한 기준에 따라 처리되어야 할 성질의 사무

다. 지역적 특성을 살리면서 시 · 도 단위로 통일성을 유지할 필요가 있는 사무

라. 국가와 시 · 군 및 자치구 사이의 연락 · 조정 등의 사무

마. 시 · 군 및 자치구가 독자적으로 처리하기 어려운 사무

바. 2개 이상의 시 · 군 및 자치구가 공동으로 설치하는 것이 적당하다고 인정되는 규모의 시설을 설치하고 관리하는 사무

2. 시 · 군 및 자치구

제1호에서 시 · 도가 처리하는 것으로 되어 있는 사무를 제외한 사무. 다만, 인구 50만 이상의 시에 대해서는 도가 처리하는 사무의 일부를 직접 처리하게 할 수 있다.

② 제1항의 배분기준에 따른 지방자치단체의 종류별 사무는 대통령령으로 정한다.

③ 시 · 도와 시 · 군 및 자치구는 사무를 처리할 때 서로 겹치지 아니하도록 하여야 하며, 사무가 서로 겹치면 시 · 군 및 자치구에서 먼저 처리한다.

제15조(국가사무의 처리 제한) 지방자치단체는 다음 각 호의 국가사무를 처리할 수 없다. 다만, 법률에 이와 다른 규정이 있는 경우에는 국가사무를 처리할 수 있다.

1. 외교, 국방, 사법(司法), 국세 등 국가의 존립에 필요한 사무

2. 물가정책, 금융정책, 수출입정책 등 전국적으로 통일적 처리를 할 필요가 있는 사무

3. 농산물 · 임산물 · 축산물 · 수산물 및 양곡의 수급조절과 수출입 등 전국적 규모의 사무

4. 국가종합경제개발계획, 국가하천, 국유림, 국토종합개발계획, 지정항만, 고속국도 · 일반국도, 국립공원 등 전국적 규모나 이와 비슷한 규모의 사무

5. 근로기준, 측량단위 등 전국적으로 기준을 통일하고 조정하여야 할 필요가 있는 사무

6. 우편, 철도 등 전국적 규모나 이와 비슷한 규모의 사무

7. 고도의 기술이 필요한 검사 · 시험 · 연구, 항공관리, 기상행정, 원자력개발 등 지방자치단체의 기술과 재정능력으로 감당하기 어려운 사무

제15조의2(자치분권 사전협의) 중앙행정기관의 장은 다음 각 호의 어느 하나에 해당하는 사항과 관련하여 소관 법령을 제정·개정 또는 폐지하려는 경우에는 대통령령으로 정하는 바에 따라 사전에 행정안전부장관과 협의하여야 한다.

1. 지방자치단체의 행정·재정 등에 영향을 미치는 사무의 신설·변경·폐지에 관한 사항
2. 지방자치단체나 그 장에 대한 사무의 위임에 관한 사항
3. 지방자치단체가 수행하는 사무에 대한 지도·감독에 관한 사항

[본조신설 2025. 4. 1.]

[시행일: 2025. 10. 2.] 제15조의2

제2장 주민

제16조(주민의 자격) 지방자치단체의 구역에 주소를 가진 자는 그 지방자치단체의 주민이 된다.

제17조(주민의 권리) ① 주민은 법령으로 정하는 바에 따라 주민생활에 영향을 미치는 지방자치단체의 정책의 결정 및 집행 과정에 참여할 권리를 가진다.

② 주민은 법령으로 정하는 바에 따라 소속 지방자치단체의 재산과 공공시설을 이용할 권리와 그 지방자치단체로부터 균등하게 행정의 혜택을 받을 권리를 가진다.

③ 주민은 법령으로 정하는 바에 따라 그 지방자치단체에서 실시하는 지방의회의원과 지방자치단체의 장의 선거(이하 "지방선거"라 한다)에 참여할 권리를 가진다.

제18조(주민투표) ① 지방자치단체의 장은 주민에게 과도한 부담을 주거나 중대한 영향을 미치는 지방자치단체의 주요 결정사항 등에 대하여 주민투표에 부칠 수 있다.

② 주민투표의 대상·발의자·발의요건, 그 밖에 투표절차 등에 관한 사항은 따로 법률로 정한다.

제19조(조례의 제정과 개정·폐지 청구) ① 주민은 지방자치단체의 조례를 제정하거나 개정하거나 폐지할 것을 청구할 수 있다.

② 조례의 제정·개정 또는 폐지 청구의 청구권자·청구대상·청구요건 및 절차 등에 관한 사항은 따로 법률로 정한다.

제20조(규칙의 제정과 개정·폐지 의견 제출) ① 주민은 제29조에 따른 규칙(권리·의무와 직접 관련되는 사항으로 한정한다)의 제정, 개정 또는 폐지와 관련된 의견을 해당 지방자치단체의 장에게 제출할 수 있다.

② 법령이나 조례를 위반하거나 법령이나 조례에서 위임한 범위를 벗어나는 사항은 제1항에 따른 의견 제출 대상에서 제외한다.

③ 지방자치단체의 장은 제1항에 따라 제출된 의견에 대하여 의견이 제출된 날부터 30일 이내에 검토 결과를 그 의견을 제출한 주민에게 통보하여야 한다.

④ 제1항에 따른 의견 제출, 제3항에 따른 의견의 검토와 결과 통보의 방법 및 절차는 해당 지방자치단체의 조례로 정한다.

제21조(주민의 감사 청구) ① 지방자치단체의 18세 이상의 주민으로서 다음 각 호의 어느 하나에 해당하는 사람(「공직선거법」 제18조에 따른 선거권이 없는 사람은 제외한다. 이하 이 조에서 "18세 이상의 주민"이라 한다)은 시·도는 300명, 제198조에 따른 인구 50만 이상 대도시는 200명, 그 밖의 시·군 및 자치구는 150명 이내에서 그 지방자치단체의 조례로 정하는 수 이상의 18세 이상의 주민이 연대 서명하여 그 지방자치단체와 그 장의 권한에 속하는 사무의 처리가 법령에 위반되거나 공익을 현저히 해친다고 인정되면 시·도의 경우에는 주무부장관에게, 시·군 및 자치구의 경우에는

시·도지사에게 감사를 청구할 수 있다.

1. 해당 지방자치단체의 관할 구역에 주민등록이 되어 있는 사람

2. 「출입국관리법」 제10조에 따른 영주(永住)할 수 있는 체류자격 취득일 후 3년이 경과한 외국인으로서 같은 법 제34조에 따라 해당 지방자치단체의 외국인등록대장에 올라 있는 사람

② 다음 각 호의 사항은 감사 청구의 대상에서 제외한다.

1. 수사나 재판에 관여하게 되는 사항

2. 개인의 사생활을 침해할 우려가 있는 사항

3. 다른 기관에서 감사하였거나 감사 중인 사항. 다만, 다른 기관에서 감사한 사항이라도 새로운 사항이 발견되거나 중요 사항이 감사에서 누락된 경우와 제22조제1항에 따라 주민소송의 대상이 되는 경우에는 그러하지 아니하다.

4. 동일한 사항에 대하여 제22조제2항 각 호의 어느 하나에 해당하는 소송이 진행 중이거나 그 판결이 확정된 사항

③ 제1항에 따른 청구는 사무처리가 있었던 날이나 끝난 날부터 3년이 지나면 제기할 수 없다.

④ 지방자치단체의 18세 이상의 주민이 제1항에 따라 감사를 청구하려면 청구인의 대표자를 선정하여 청구인명부에 적어야 하며, 청구인의 대표자는 감사청구서를 작성하여 주무부장관 또는 시·도지사에게 제출하여야 한다.

⑤ 주무부장관이나 시·도지사는 제1항에 따른 청구를 받으면 청구를 받은 날부터 5일 이내에 그 내용을 공표하여야 하며, 청구를 공표한 날부터 10일간 청구인명부나 그 사본을 공개된 장소에 갖추어 두어 열람할 수 있도록 하여야 한다.

⑥ 청구인명부의 서명에 관하여 이의가 있는 사람은 제5항에 따른 열람기간에 해당 주무부장관이나 시·도지사에게 이의를 신청할

수 있다.

⑦ 주무부장관이나 시·도지사는 제6항에 따른 이의신청을 받으면 제5항에 따른 열람기간이 끝난 날부터 14일 이내에 심사·결정하되, 그 신청이 이유 있다고 결정한 경우에는 청구인명부를 수정하고, 그 사실을 이의신청을 한 사람과 제4항에 따른 청구인의 대표자에게 알려야 하며, 그 이의신청이 이유 없다고 결정한 경우에는 그 사실을 즉시 이의신청을 한 사람에게 알려야 한다.

⑧ 주무부장관이나 시·도지사는 제6항에 따른 이의신청이 없는 경우 또는 제6항에 따라 제기된 모든 이의신청에 대하여 제7항에 따른 결정이 끝난 경우로서 제1항부터 제3항까지의 규정에 따른 요건을 갖춘 경우에는 청구를 수리하고, 그러하지 아니한 경우에는 청구를 각하하되, 수리 또는 각하 사실을 청구인의 대표자에게 알려야 한다.

⑨ 주무부장관이나 시·도지사는 감사 청구를 수리한 날부터 60일 이내에 감사 청구된 사항에 대하여 감사를 끝내야 하며, 감사 결과를 청구인의 대표자와 해당 지방자치단체의 장에게 서면으로 알리고, 공표하여야 한다. 다만, 그 기간에 감사를 끝내기가 어려운 정당한 사유가 있으면 그 기간을 연장할 수 있으며, 기간을 연장할 때에는 미리 청구인의 대표자와 해당 지방자치단체의 장에게 알리고, 공표하여야 한다.

⑩ 주무부장관이나 시·도지사는 주민이 감사를 청구한 사항이 다른 기관에서 이미 감사한 사항이거나 감사 중인 사항이면 그 기관에서 한 감사 결과 또는 감사 중인 사실과 감사가 끝난 후 그 결과를 알리겠다는 사실을 청구인의 대표자와 해당 기관에 지체 없이 알려야 한다.

⑪ 주무부장관이나 시·도지사는 주민 감사 청구를 처리(각하를

포함한다)할 때 청구인의 대표자에게 반드시 증거 제출 및 의견 진술의 기회를 주어야 한다.

⑫ 주무부장관이나 시·도지사는 제9항에 따른 감사 결과에 따라 기간을 정하여 해당 지방자치단체의 장에게 필요한 조치를 요구할 수 있다. 이 경우 그 지방자치단체의 장은 이를 성실히 이행하여야 하고, 그 조치 결과를 지방의회와 주무부장관 또는 시·도지사에게 보고하여야 한다.

⑬ 주무부장관이나 시·도지사는 제12항에 따른 조치 요구 내용과 지방자치단체의 장의 조치 결과를 청구인의 대표자에게 서면으로 알리고, 공표하여야 한다.

⑭ 제1항부터 제13항까지에서 규정한 사항 외에 18세 이상의 주민의 감사 청구에 필요한 사항은 대통령령으로 정한다.

제22조(주민소송) ① 제21조제1항에 따라 공금의 지출에 관한 사항, 재산의 취득·관리·처분에 관한 사항, 해당 지방자치단체를 당사자로 하는 매매·임차·도급 계약이나 그 밖의 계약의 체결·이행에 관한 사항 또는 지방세·사용료·수수료·과태료 등 공금의 부과·징수를 게을리한 사항을 감사 청구한 주민은 다음 각 호의 어느 하나에 해당하는 경우에 그 감사 청구한 사항과 관련이 있는 위법한 행위나 업무를 게을리한 사실에 대하여 해당 지방자치단체의 장(해당 사항의 사무처리에 관한 권한을 소속 기관의 장에게 위임한 경우에는 그 소속 기관의 장을 말한다. 이하 이 조에서 같다)을 상대방으로 하여 소송을 제기할 수 있다.

1. 주무부장관이나 시·도지사가 감사 청구를 수리한 날부터 60일(제21조제9항 단서에 따라 감사기간이 연장된 경우에는 연장된 기간이 끝난 날을 말한다)이 지나도 감사를 끝내지 아니한 경우

2. 제21조제9항 및 제10항에 따른 감사 결과 또는 같은 조 제12

항에 따른 조치 요구에 불복하는 경우

3. 제21조제12항에 따른 주무부장관이나 시·도지사의 조치 요구를 지방자치단체의 장이 이행하지 아니한 경우

4. 제21조제12항에 따른 지방자치단체의 장의 이행 조치에 불복하는 경우

② 제1항에 따라 주민이 제기할 수 있는 소송은 다음 각 호와 같다.

1. 해당 행위를 계속하면 회복하기 어려운 손해를 발생시킬 우려가 있는 경우에는 그 행위의 전부나 일부를 중지할 것을 요구하는 소송

2. 행정처분인 해당 행위의 취소 또는 변경을 요구하거나 그 행위의 효력 유무 또는 존재 여부의 확인을 요구하는 소송

3. 게을리한 사실의 위법 확인을 요구하는 소송

4. 해당 지방자치단체의 장 및 직원, 지방의회의원, 해당 행위와 관련이 있는 상대방에게 손해배상청구 또는 부당이득반환청구를 할 것을 요구하는 소송. 다만, 그 지방자치단체의 직원이 「회계관계직원 등의 책임에 관한 법률」 제4조에 따른 변상책임을 져야 하는 경우에는 변상명령을 할 것을 요구하는 소송을 말한다.

③ 제2항제1호의 중지청구소송은 해당 행위를 중지할 경우 생명이나 신체에 중대한 위해가 생길 우려가 있거나 그 밖에 공공복리를 현저하게 해칠 우려가 있으면 제기할 수 없다.

④ 제2항에 따른 소송은 다음 각 호의 구분에 따른 날부터 90일 이내에 제기하여야 한다.

1. 제1항제1호: 해당 60일이 끝난 날(제21조제9항 단서에 따라 감사기간이 연장된 경우에는 연장기간이 끝난 날을 말한다)

2. 제1항제2호: 해당 감사 결과나 조치 요구 내용에 대한 통지를

받은 날

3. 제1항제3호: 해당 조치를 요구할 때에 지정한 처리기간이 끝난 날

4. 제1항제4호: 해당 이행 조치 결과에 대한 통지를 받은 날

⑤ 제2항 각 호의 소송이 진행 중이면 다른 주민은 같은 사항에 대하여 별도의 소송을 제기할 수 없다.

⑥ 소송의 계속(繫屬) 중에 소송을 제기한 주민이 사망하거나 제16조에 따른 주민의 자격을 잃으면 소송절차는 중단된다. 소송대리인이 있는 경우에도 또한 같다.

⑦ 감사 청구에 연대 서명한 다른 주민은 제6항에 따른 사유가 발생한 사실을 안 날부터 6개월 이내에 소송절차를 수계(受繼)할 수 있다. 이 기간에 수계절차가 이루어지지 아니할 경우 그 소송절차는 종료된다.

⑧ 법원은 제6항에 따라 소송이 중단되면 감사 청구에 연대 서명한 다른 주민에게 소송절차를 중단한 사유와 소송절차 수계방법을 지체 없이 알려야 한다. 이 경우 법원은 감사 청구에 적힌 주소로 통지서를 우편으로 보낼 수 있고, 우편물이 통상 도달할 수 있을 때에 감사 청구에 연대 서명한 다른 주민은 제6항의 사유가 발생한 사실을 안 것으로 본다.

⑨ 제2항에 따른 소송은 해당 지방자치단체의 사무소 소재지를 관할하는 행정법원(행정법원이 설치되지 아니한 지역에서는 행정법원의 권한에 속하는 사건을 관할하는 지방법원 본원을 말한다)의 관할로 한다.

⑩ 해당 지방자치단체의 장은 제2항제1호부터 제3호까지의 규정에 따른 소송이 제기된 경우 그 소송 결과에 따라 권리나 이익의 침해를 받을 제3자가 있으면 그 제3자에 대하여, 제2항제4호에 따

른 소송이 제기된 경우 그 직원, 지방의회의원 또는 상대방에 대하여 소송고지를 해 줄 것을 법원에 신청하여야 한다.

⑪ 제2항제4호에 따른 소송이 제기된 경우에 지방자치단체의 장이 한 소송고지신청은 그 소송에 관한 손해배상청구권 또는 부당이득반환청구권의 시효중단에 관하여 「민법」 제168조제1호에 따른 청구로 본다.

⑫ 제11항에 따른 시효중단의 효력은 그 소송이 끝난 날부터 6개월 이내에 재판상 청구, 파산절차참가, 압류 또는 가압류, 가처분을 하지 아니하면 효력이 생기지 아니한다.

⑬ 국가, 상급 지방자치단체 및 감사 청구에 연대 서명한 다른 주민과 제10항에 따라 소송고지를 받은 자는 법원에서 계속 중인 소송에 참가할 수 있다.

⑭ 제2항에 따른 소송에서 당사자는 법원의 허가를 받지 아니하고는 소의 취하, 소송의 화해 또는 청구의 포기를 할 수 없다.

⑮ 법원은 제14항에 따른 허가를 하기 전에 감사 청구에 연대 서명한 다른 주민에게 그 사실을 알려야 하며, 알린 때부터 1개월 이내에 허가 여부를 결정하여야 한다. 이 경우 통지방법 등에 관하여는 제8항 후단을 준용한다.

⑯ 제2항에 따른 소송은 「민사소송 등 인지법」 제2조제4항에 따른 비재산권을 목적으로 하는 소송으로 본다.

⑰ 소송을 제기한 주민은 승소(일부 승소를 포함한다)한 경우 그 지방자치단체에 대하여 변호사 보수 등의 소송비용, 감사 청구절차의 진행 등을 위하여 사용된 여비, 그 밖에 실제로 든 비용을 보상할 것을 청구할 수 있다. 이 경우 지방자치단체는 청구된 금액의 범위에서 그 소송을 진행하는 데 객관적으로 사용된 것으로 인정되는 금액을 지급하여야 한다.

⑱ 제1항에 따른 소송에 관하여 이 법에 규정된 것 외에는 「행정소송법」에 따른다.

제23조(손해배상금 등의 지급청구 등) ① 지방자치단체의 장(해당 사항의 사무처리에 관한 권한을 소속 기관의 장에게 위임한 경우에는 그 소속 기관의 장을 말한다. 이하 이 조에서 같다)은 제22조제2항제4호 본문에 따른 소송에 대하여 손해배상청구나 부당이득반환청구를 명하는 판결이 확정되면 판결이 확정된 날부터 60일 이내를 기한으로 하여 당사자에게 그 판결에 따라 결정된 손해배상금이나 부당이득반환금의 지급을 청구하여야 한다. 다만, 손해배상금이나 부당이득반환금을 지급하여야 할 당사자가 지방자치단체의 장이면 지방의회의 의장이 지급을 청구하여야 한다.

② 지방자치단체는 제1항에 따라 지급청구를 받은 자가 같은 항의 기한까지 손해배상금이나 부당이득반환금을 지급하지 아니하면 손해배상·부당이득반환의 청구를 목적으로 하는 소송을 제기하여야 한다. 이 경우 그 소송의 상대방이 지방자치단체의 장이면 그 지방의회의 의장이 그 지방자치단체를 대표한다.

제24조(변상명령 등) ① 지방자치단체의 장은 제22조제2항제4호 단서에 따른 소송에 대하여 변상할 것을 명하는 판결이 확정되면 판결이 확정된 날부터 60일 이내를 기한으로 하여 당사자에게 그 판결에 따라 결정된 금액을 변상할 것을 명령하여야 한다.

② 제1항에 따라 변상할 것을 명령받은 자가 같은 항의 기한까지 변상금을 지급하지 아니하면 지방세 체납처분의 예에 따라 징수할 수 있다. 〈개정 2021. 10. 19.〉

③ 제1항에 따라 변상할 것을 명령받은 자는 그 명령에 불복하는 경우 행정소송을 제기할 수 있다. 다만, 「행정심판법」에 따른 행정심판청구는 제기할 수 없다.

제25조(주민소환) ① 주민은 그 지방자치단체의 장 및 지방의회의원(비례대표 지방의회의원은 제외한다)을 소환할 권리를 가진다.

② 주민소환의 투표 청구권자 · 청구요건 · 절차 및 효력 등에 관한 사항은 따로 법률로 정한다.

제26조(주민에 대한 정보공개) ① 지방자치단체는 사무처리의 투명성을 높이기 위하여 「공공기관의 정보공개에 관한 법률」에서 정하는 바에 따라 지방의회의 의정활동, 집행기관의 조직, 재무 등 지방자치에 관한 정보(이하 "지방자치정보"라 한다)를 주민에게 공개하여야 한다.

② 행정안전부장관은 주민의 지방자치정보에 대한 접근성을 높이기 위하여 이 법 또는 다른 법령에 따라 공개된 지방자치정보를 체계적으로 수집하고 주민에게 제공하기 위한 정보공개시스템을 구축 · 운영할 수 있다.

제27조(주민의 의무) 주민은 법령으로 정하는 바에 따라 소속 지방자치단체의 비용을 분담하여야 하는 의무를 진다.

제3장 조례와 규칙

제28조(조례) ① 지방자치단체는 법령의 범위에서 그 사무에 관하여 조례를 제정할 수 있다. 다만, 주민의 권리 제한 또는 의무 부과에 관한 사항이나 벌칙을 정할 때에는 법률의 위임이 있어야 한다.

② 법령에서 조례로 정하도록 위임한 사항은 그 법령의 하위 법령에서 그 위임의 내용과 범위를 제한하거나 직접 규정할 수 없다.

제29조(규칙) 지방자치단체의 장은 법령 또는 조례의 범위에서 그 권한에 속하는 사무에 관하여 규칙을 제정할 수 있다.

제30조(조례와 규칙의 입법한계) 시 · 군 및 자치구의 조례나 규칙은 시 · 도의 조례나 규칙을 위반해서는 아니 된다.

제31조(지방자치단체를 신설하거나 격을 변경할 때의 조례·규칙 시행) 지방자치단체를 나누거나 합하여 새로운 지방자치단체가 설치되거나 지방자치단체의 격이 변경되면 그 지방자치단체의 장은 필요한 사항에 관하여 새로운 조례나 규칙이 제정·시행될 때까지 종래 그 지역에 시행되던 조례나 규칙을 계속 시행할 수 있다.

제32조(조례와 규칙의 제정 절차 등) ① 조례안이 지방의회에서 의결되면 지방의회의 의장은 의결된 날부터 5일 이내에 그 지방자치단체의 장에게 이송하여야 한다.

② 지방자치단체의 장은 제1항의 조례안을 이송받으면 20일 이내에 공포하여야 한다.

③ 지방자치단체의 장은 이송받은 조례안에 대하여 이의가 있으면 제2항의 기간에 이유를 붙여 지방의회로 환부(還付)하고, 재의(再議)를 요구할 수 있다. 이 경우 지방자치단체의 장은 조례안의 일부에 대하여 또는 조례안을 수정하여 재의를 요구할 수 없다.

④ 지방의회는 제3항에 따라 재의 요구를 받으면 조례안을 재의에 부치고 재적의원 과반수의 출석과 출석의원 3분의 2 이상의 찬성으로 전(前)과 같은 의결을 하면 그 조례안은 조례로서 확정된다.

⑤ 지방자치단체의 장이 제2항의 기간에 공포하지 아니하거나 재의 요구를 하지 아니하더라도 그 조례안은 조례로서 확정된다.

⑥ 지방자치단체의 장은 제4항 또는 제5항에 따라 확정된 조례를 지체 없이 공포하여야 한다. 이 경우 제5항에 따라 조례가 확정된 후 또는 제4항에 따라 확정된 조례가 지방자치단체의 장에게 이송된 후 5일 이내에 지방자치단체의 장이 공포하지 아니하면 지방의회의 의장이 공포한다.

⑦ 제2항 및 제6항 전단에 따라 지방자치단체의 장이 조례를 공포하였을 때에는 즉시 해당 지방의회의 의장에게 통지하여야 하며,

제6항 후단에 따라 지방의회의 의장이 조례를 공포하였을 때에는 그 사실을 즉시 해당 지방자치단체의 장에게 통지하여야 한다.

⑧ 조례와 규칙은 특별한 규정이 없으면 공포한 날부터 20일이 지나면 효력을 발생한다.

제33조(조례와 규칙의 공포 방법 등) ① 조례와 규칙의 공포는 해당 지방자치단체의 공보에 게재하는 방법으로 한다. 다만, 제32조제6항 후단에 따라 지방의회의 의장이 조례를 공포하는 경우에는 공보나 일간신문에 게재하거나 게시판에 게시한다.

② 제1항에 따른 공보는 종이로 발행되는 공보(이하 이 조에서 “종이공보”라 한다) 또는 전자적인 형태로 발행되는 공보(이하 이 조에서 “전자공보”라 한다)로 운영한다.

③ 공보의 내용 해석 및 적용 시기 등에 대하여 종이공보와 전자공보는 동일한 효력을 가진다.

④ 조례와 규칙의 공포에 관하여 그 밖에 필요한 사항은 대통령령으로 정한다.

제34조(조례 위반에 대한 과태료) ① 지방자치단체는 조례를 위반한 행위에 대하여 조례로써 1천만원 이하의 과태료를 정할 수 있다.

② 제1항에 따른 과태료는 해당 지방자치단체의 장이나 그 관할 구역의 지방자치단체의 장이 부과 · 징수한다.

제35조(보고) 조례나 규칙을 제정하거나 개정하거나 폐지할 경우 조례는 지방의회에서 이송된 날부터 5일 이내에, 규칙은 공포 예정일 15일 전에 시 · 도지사는 행정안전부장관에게, 시장 · 군수 및 자치구의 구청장은 시 · 도지사에게 그 전문(全文)을 첨부하여 각각 보고하여야 하며, 보고를 받은 행정안전부장관은 그 내용을 관계 중앙행정기관의 장에게 통보하여야 한다.

제4장 선거

제36조(지방선거에 관한 법률의 제정) 지방선거에 관하여 이 법에서 정한 것 외에 필요한 사항은 따로 법률로 정한다.

제5장 지방의회

제1절 조직

제37조(의회의 설치) 지방자치단체에 주민의 대의기관인 의회를 둔다.

제38조(지방의회의원의 선거) 지방의회의원은 주민이 보통·평등·직접·비밀선거로 선출한다.

제2절 지방의회의원

제39조(의원의 임기) 지방의회의원의 임기는 4년으로 한다.

제40조(의원의 의정활동비 등) ① 지방의회의원에게는 다음 각 호의 비용을 지급한다.

1. 의정(議政) 자료를 수집하고 연구하거나 이를 위한 보조 활동에 사용되는 비용을 보전(補塡)하기 위하여 매월 지급하는 의정활동비
2. 지방의회의원의 직무활동에 대하여 지급하는 월정수당
3. 본회의 의결, 위원회 의결 또는 지방의회의 의장의 명에 따라 공무로 여행할 때 지급하는 여비

② 제1항 각 호에 규정된 비용은 대통령령으로 정하는 기준을 고려하여 해당 지방자치단체의 의정비심의위원회에서 결정하는 금액 이내에서 지방자치단체의 조례로 정한다. 다만, 제1항제3호에 따른 비용은 의정비심의위원회 결정 대상에서 제외한다.

③ 의정비심의위원회의 구성·운영 등에 필요한 사항은 대통령령으로 정한다.

제41조(의원의 정책지원 전문인력) ① 지방의회의원의 의정활동을 지원하기 위하여 지방의회의원 정수의 2분의 1 범위에서 해당 지방자치단체의 조례로 정하는 바에 따라 지방의회에 정책지원 전문인력을 둘 수 있다.

② 정책지원 전문인력은 지방공무원으로 보하며, 직급·직무 및 임용절차 등 운영에 필요한 사항은 대통령령으로 정한다.

제42조(상해·사망 등의 보상) ① 지방의회의원이 직무로 인하여 신체에 상해를 입거나 사망한 경우와 그 상해나 직무로 인한 질병으로 사망한 경우에는 보상금을 지급할 수 있다.

② 제1항의 보상금의 지급기준은 대통령령으로 정하는 범위에서 해당 지방자치단체의 조례로 정한다.

제43조(겸직 등 금지) ① 지방의회의원은 다음 각 호의 어느 하나에 해당하는 직(職)을 겸할 수 없다.

1. 국회의원, 다른 지방의회의원
2. 헌법재판소 재판관, 각급 선거관리위원회 위원
3. 「국가공무원법」 제2조에 따른 국가공무원과 「지방공무원법」 제2조에 따른 지방공무원(「정당법」 제22조에 따라 정당의 당원이 될 수 있는 교원은 제외한다)
4. 「공공기관의 운영에 관한 법률」 제4조에 따른 공공기관(한국방송공사, 한국교육방송공사 및 한국은행을 포함한다)의 임직원
5. 「지방공기업법」 제2조에 따른 지방공사와 지방공단의 임직원
6. 농업협동조합, 수산업협동조합, 산림조합, 엽연초생산협동조합, 신용협동조합, 새마을금고(이들 조합·금고의 중앙회와 연합회를 포함한다)의 임직원과 이들 조합·금고의 중앙회장이나 연합회장
7. 「정당법」 제22조에 따라 정당의 당원이 될 수 없는 교원
8. 다른 법령에 따라 공무원의 신분을 가지는 직

9. 그 밖에 다른 법률에서 겸임할 수 없도록 정하는 직

②「정당법」 제22조에 따라 정당의 당원이 될 수 있는 교원이 지방의회의원으로 당선되면 임기 중 그 교원의 직은 휴직된다.

③ 지방의회의원이 당선 전부터 제1항 각 호의 직을 제외한 다른 직을 가진 경우에는 임기 개시 후 1개월 이내에, 임기 중 그 다른 직에 취임한 경우에는 취임 후 15일 이내에 지방의회의 의장에게 서면으로 신고하여야 하며, 그 방법과 절차는 해당 지방자치단체의 조례로 정한다.

④ 지방의회의 의장은 제3항에 따라 지방의회의원의 겸직신고를 받으면 그 내용을 연 1회 이상 해당 지방의회의 인터넷 홈페이지에 게시하거나 지방자치단체의 조례로 정하는 방법에 따라 공개하여야 한다.

⑤ 지방의회의원이 다음 각 호의 기관·단체 및 그 기관·단체가 설립·운영하는 시설의 대표, 임원, 상근직원 또는 그 소속 위원회(자문위원회는 제외한다)의 위원이 된 경우에는 그 겸한 직을 사임하여야 한다.

1. 해당 지방자치단체가 출자·출연(재출자·재출연을 포함한다)한 기관·단체

2. 해당 지방자치단체의 사무를 위탁받아 수행하고 있는 기관·단체

3. 해당 지방자치단체로부터 운영비, 사업비 등을 지원받고 있는 기관·단체

4. 법령에 따라 해당 지방자치단체의 장의 인가를 받아 설립된 조합(조합설립을 위한 추진위원회 등 준비단체를 포함한다)의 임직원

⑥ 지방의회의 의장은 지방의회의원이 다음 각 호의 어느 하나에

해당하는 경우에는 그 겸한 직을 사임할 것을 권고하여야 한다. 이 경우 지방의회의 의장은 제66조에 따른 윤리심사자문위원회의 의견을 들어야 하며 그 의견을 존중하여야 한다.

1. 제5항에 해당하는 데도 불구하고 겸한 직을 사임하지 아니할 때
2. 다른 직을 겸하는 것이 제44조제2항에 위반된다고 인정될 때

⑦ 지방의회의 의장은 지방의회의원의 행위 또는 양수인이나 관리인의 지위가 제5항 또는 제6항에 따라 제한되는지와 관련하여 제66조에 따른 윤리심사자문위원회의 의견을 들을 수 있다.

제44조(의원의 의무) ① 지방의회의원은 공공의 이익을 우선하여 양심에 따라 그 직무를 성실히 수행하여야 한다.

② 지방의회의원은 청렴의 의무를 지며, 지방의회의원으로서의 품위를 유지하여야 한다.

③ 지방의회의원은 지위를 남용하여 재산상의 권리·이익 또는 직위를 취득하거나 다른 사람을 위하여 그 취득을 알선해서는 아니 된다.

④ 지방의회의원은 해당 지방자치단체, 제43조제5항 각 호의 어느 하나에 해당하는 기관·단체 및 그 기관·단체가 설립·운영하는 시설과 영리를 목적으로 하는 거래를 하여서는 아니 된다.

⑤ 지방의회의원은 소관 상임위원회의 직무와 관련된 영리행위를 할 수 없으며, 그 범위는 해당 지방자치단체의 조례로 정한다.

제45조(의원체포 및 확정판결의 통지) ① 수사기관의 장은 체포되거나 구금된 지방의회의원이 있으면 지체 없이 해당 지방의회의 의장에게 영장의 사본을 첨부하여 그 사실을 알려야 한다.

② 각급 법원장은 지방의회의원이 형사사건으로 공소(公訴)가 제기되어 판결이 확정되면 지체 없이 해당 지방의회의 의장에게 그 사실을 알려야 한다.

제46조(지방의회의 의무 등) ① 지방의회는 지방의회의원이 준수하여야 할 지방의회의원의 윤리강령과 윤리실천규범을 조례로 정하여야 한다.

② 지방의회는 소속 의원(「공직선거법」 제190조 및 제190조의2에 따라 지방의회의원당선인으로 결정된 사람을 포함한다)들이 의정활동에 필요한 전문성을 확보하도록 노력하여야 한다. 〈개정 2023. 9. 14.〉

제3절 권한

제47조(지방의회의 의결사항) ① 지방의회는 다음 각 호의 사항을 의결한다.

1. 조례의 제정ㆍ개정 및 폐지
2. 예산의 심의ㆍ확정
3. 결산의 승인
4. 법령에 규정된 것을 제외한 사용료ㆍ수수료ㆍ분담금ㆍ지방세 또는 가입금의 부과와 징수
5. 기금의 설치ㆍ운용
6. 대통령령으로 정하는 중요 재산의 취득ㆍ처분
7. 대통령령으로 정하는 공공시설의 설치ㆍ처분
8. 법령과 조례에 규정된 것을 제외한 예산 외의 의무부담이나 권리의 포기
9. 청원의 수리와 처리
10. 외국 지방자치단체와의 교류ㆍ협력
11. 그 밖에 법령에 따라 그 권한에 속하는 사항

② 지방자치단체는 제1항 각 호의 사항 외에 조례로 정하는 바에 따라 지방의회에서 의결되어야 할 사항을 따로 정할 수 있다.

제47조의2(인사청문회) ① 지방자치단체의 장은 다음 각 호의 어느 하나에 해당하는 직위 중 조례로 정하는 직위의 후보자에 대하여 지방의회에 인사청문을 요청할 수 있다.

1. 제123조제2항에 따라 정무직 국가공무원으로 보하는 부시장·부지사

2. 「제주특별자치도 설치 및 국제자유도시 조성을 위한 특별법」 제11조에 따른 행정시장

3. 「지방공기업법」 제49조에 따른 지방공사의 사장과 같은 법 제76조에 따른 지방공단의 이사장

4. 「지방자치단체 출자·출연 기관의 운영에 관한 법률」 제2조제1항 전단에 따른 출자·출연 기관의 기관장

② 지방의회의 의장은 제1항에 따른 인사청문 요청이 있는 경우 인사청문회를 실시한 후 그 경과를 지방자치단체의 장에게 송부하여야 한다.

③ 그 밖에 인사청문회의 절차 및 운영 등에 필요한 사항은 조례로 정한다.

[본조신설 2023. 3. 21.]

제48조(서류제출 요구) ① 본회의나 위원회는 그 의결로 안건의 심의와 직접 관련된 서류의 제출을 해당 지방자치단체의 장에게 요구할 수 있다.

② 위원회가 제1항의 요구를 할 때에는 지방의회의 의장에게 그 사실을 보고하여야 한다.

③ 제1항에도 불구하고 폐회 중에는 지방의회의 의장이 서류의 제출을 해당 지방자치단체의 장에게 요구할 수 있다.

④ 제1항 또는 제3항에 따라 서류제출을 요구할 때에는 서면, 전자문서 또는 컴퓨터의 자기테이프·자기디스크, 그 밖에 이와 유사

한 매체에 기록된 상태 등 제출 형식을 지정할 수 있다.

제49조(행정사무 감사권 및 조사권) ① 지방의회는 매년 1회 그 지방자치단체의 사무에 대하여 시·도에서는 14일의 범위에서, 시·군 및 자치구에서는 9일의 범위에서 감사를 실시하고, 지방자치단체의 사무 중 특정 사안에 관하여 본회의 의결로 본회의나 위원회에서 조사하게 할 수 있다.

② 제1항의 조사를 발의할 때에는 이유를 밝힌 서면으로 하여야 하며, 재적의원 3분의 1 이상의 찬성이 있어야 한다.

③ 지방자치단체 및 그 장이 위임받아 처리하는 국가사무와 시·도의 사무에 대하여 국회와 시·도의회가 직접 감사하기로 한 사무 외에는 그 감사를 각각 해당 시·도의회와 시·군 및 자치구의회가 할 수 있다. 이 경우 국회와 시·도의회는 그 감사 결과에 대하여 그 지방의회에 필요한 자료를 요구할 수 있다.

④ 제1항의 감사 또는 조사와 제3항의 감사를 위하여 필요하면 현지확인을 하거나 서류제출을 요구할 수 있으며, 지방자치단체의 장 또는 관계 공무원이나 그 사무에 관계되는 사람을 출석하게 하여 증인으로서 선서한 후 증언하게 하거나 참고인으로서 의견을 진술하도록 요구할 수 있다.

⑤ 제4항에 따른 증언에서 거짓증언을 한 사람은 고발할 수 있으며, 제4항에 따라 서류제출을 요구받은 자가 정당한 사유 없이 서류를 정해진 기한까지 제출하지 아니한 경우, 같은 항에 따라 출석요구를 받은 증인이 정당한 사유 없이 출석하지 아니하거나 선서 또는 증언을 거부한 경우에는 500만원 이하의 과태료를 부과할 수 있다.

⑥ 제5항에 따른 과태료 부과절차는 제34조를 따른다.

⑦ 제1항의 감사 또는 조사와 제3항의 감사를 위하여 필요한 사항은 「국정감사 및 조사에 관한 법률」에 준하여 대통령령으로 정하

고, 제4항과 제5항의 선서·증언·감정 등에 관한 절차는 「국회에서의 증언·감정 등에 관한 법률」에 준하여 대통령령으로 정한다.

제50조(행정사무 감사 또는 조사 보고의 처리) ① 지방의회는 본회의의 의결로 감사 또는 조사 결과를 처리한다.

② 지방의회는 감사 또는 조사 결과 해당 지방자치단체나 기관의 시정이 필요한 사유가 있을 때에는 시정을 요구하고, 지방자치단체나 기관에서 처리함이 타당하다고 인정되는 사항은 그 지방자치단체나 기관으로 이송한다.

③ 지방자치단체나 기관은 제2항에 따라 시정 요구를 받거나 이송받은 사항을 지체 없이 처리하고 그 결과를 지방의회에 보고하여야 한다.

제51조(행정사무처리상황의 보고와 질의응답) ① 지방자치단체의 장이나 관계 공무원은 지방의회나 그 위원회에 출석하여 행정사무의 처리상황을 보고하거나 의견을 진술하고 질문에 답변할 수 있다.

② 지방자치단체의 장이나 관계 공무원은 지방의회나 그 위원회가 요구하면 출석·답변하여야 한다. 다만, 특별한 이유가 있으면 지방자치단체의 장은 관계 공무원에게 출석·답변하게 할 수 있다.

③ 제1항이나 제2항에 따라 지방의회나 그 위원회에 출석하여 답변할 수 있는 관계 공무원은 조례로 정한다.

제52조(의회규칙) 지방의회는 내부운영에 관하여 이 법에서 정한 것 외에 필요한 사항을 규칙으로 정할 수 있다.

제4절 소집과 회기

제53조(정례회) ① 지방의회는 매년 2회 정례회를 개최한다.

② 정례회의 집회일, 그 밖에 정례회 운영에 필요한 사항은 해당 지방자치단체의 조례로 정한다.

第54条(임시회) ① 지방의회의원 총선거 후 최초로 집회되는 임시회는 지방의회 사무처장·사무국장·사무과장이 지방의회의원 임기 개시일부터 25일 이내에 소집한다.

② 지방자치단체를 폐지하거나 설치하거나 나누거나 합쳐 새로운 지방자치단체가 설치된 경우에 최초의 임시회는 지방의회 사무처장·사무국장·사무과장이 해당 지방자치단체가 설치되는 날에 소집한다.

③ 지방의회의 의장은 지방자치단체의 장이나 조례로 정하는 수 이상의 지방의회의원이 요구하면 15일 이내에 임시회를 소집하여야 한다. 다만, 지방의회의 의장과 부의장이 부득이한 사유로 임시회를 소집할 수 없을 때에는 지방의회의원 중 최다선의원이, 최다선의원이 2명 이상인 경우에는 그 중 연장자의 순으로 소집할 수 있다.

④ 임시회 소집은 집회일 3일 전에 공고하여야 한다. 다만, 긴급할 때에는 그러하지 아니하다.

第55条(제출안건의 공고) 지방자치단체의 장이 지방의회에 제출할 안건은 지방자치단체의 장이 미리 공고하여야 한다. 다만, 회의 중 긴급한 안건을 제출할 때에는 그러하지 아니하다. 〈개정 2021. 10. 19.〉

[제목개정 2021. 10. 19.]

第56条(개회·휴회·폐회와 회의일수) ① 지방의회의 개회·휴회·폐회와 회기는 지방의회가 의결로 정한다.

② 연간 회의 총일수와 정례회 및 임시회의 회기는 해당 지방자치단체의 조례로 정한다.

제5절 의장과 부의장

第57条(의장·부의장의 선거와 임기) ① 지방의회는 지방의회의원

중에서 시·도의 경우 의장 1명과 부의장 2명을, 시·군 및 자치구의 경우 의장과 부의장 각 1명을 무기명투표로 선출하여야 한다.

② 지방의회의원 총선거 후 처음으로 선출하는 의장·부의장 선거는 최초집회일에 실시한다.

③ 의장과 부의장의 임기는 2년으로 한다.

제58조(의장의 직무) 지방의회의 의장은 의회를 대표하고 의사(議事)를 정리하며, 회의장 내의 질서를 유지하고 의회의 사무를 감독한다.

제59조(의장 직무대리) 지방의회의 의장이 부득이한 사유로 직무를 수행할 수 없을 때에는 부의장이 그 직무를 대리한다.

제60조(임시의장) 지방의회의 의장과 부의장이 모두 부득이한 사유로 직무를 수행할 수 없을 때에는 임시의장을 선출하여 의장의 직무를 대행하게 한다.

제61조(보궐선거) ① 지방의회의 의장이나 부의장이 궐위(闕位)된 경우에는 보궐선거를 실시한다.

② 보궐선거로 당선된 의장이나 부의장의 임기는 전임자 임기의 남은 기간으로 한다.

제62조(의장·부의장 불신임의 의결) ① 지방의회의 의장이나 부의장이 법령을 위반하거나 정당한 사유 없이 직무를 수행하지 아니하면 지방의회는 불신임을 의결할 수 있다.

② 제1항의 불신임 의결은 재적의원 4분의 1 이상의 발의와 재적의원 과반수의 찬성으로 한다.

③ 제2항의 불신임 의결이 있으면 지방의회의 의장이나 부의장은 그 직에서 해임된다.

제63조(의장 등을 선거할 때의 의장 직무 대행) 제57조제1항, 제60조 또는 제61조제1항에 따른 선거(이하 이 조에서 "의장등의 선거"라 한다)를 실시할 때 의장의 직무를 수행할 사람이 없으면 출석의

원 중 최다선의원이, 최다선의원이 2명 이상이면 그 중 연장자가 그 직무를 대행한다. 이 경우 직무를 대행하는 지방의회의원이 정당한 사유 없이 의장등의 선거를 실시할 직무를 이행하지 아니할 때에는 다음 순위의 지방의회의원이 그 직무를 대행한다.

제6절 교섭단체 및 위원회 〈개정 2023. 3. 21.〉

제63조의2(교섭단체) ① 지방의회에 교섭단체를 둘 수 있다. 이 경우 조례로 정하는 수 이상의 소속의원을 가진 정당은 하나의 교섭단체가 된다.

② 제1항 후단에도 불구하고 다른 교섭단체에 속하지 아니하는 의원 중 조례로 정하는 수 이상의 의원은 따로 교섭단체를 구성할 수 있다.

③ 그 밖에 교섭단체의 구성 및 운영 등에 필요한 사항은 조례로 정한다.

[본조신설 2023. 3. 21.]

제64조(위원회의 설치) ① 지방의회는 조례로 정하는 바에 따라 위원회를 둘 수 있다.

② 위원회의 종류는 다음 각 호와 같다.

1. 소관 의안(議案)과 청원 등을 심사·처리하는 상임위원회
2. 특정한 안건을 심사·처리하는 특별위원회

③ 위원회의 위원은 본회의에서 선임한다.

제65조(윤리특별위원회) ① 지방의회의원의 윤리강령과 윤리실천규범 준수 여부 및 징계에 관한 사항을 심사하기 위하여 윤리특별위원회를 둔다.

② 제1항에 따른 윤리특별위원회(이하 "윤리특별위원회"라 한다)는 지방의회의원의 윤리강령과 윤리실천규범 준수 여부 및 지방의회

의원의 징계에 관한 사항을 심사하기 전에 제66조에 따른 윤리심사자문위원회의 의견을 들어야 하며 그 의견을 존중하여야 한다.

제66조(윤리심사자문위원회) ① 지방의회의원의 겸직 및 영리행위 등에 관한 지방의회의 의장의 자문과 지방의회의원의 윤리강령과 윤리실천규범 준수 여부 및 징계에 관한 윤리특별위원회의 자문에 응하기 위하여 윤리특별위원회에 윤리심사자문위원회를 둔다.

② 윤리심사자문위원회의 위원은 민간전문가 중에서 지방의회의 의장이 위촉한다.

③ 제1항 및 제2항에서 규정한 사항 외에 윤리심사자문위원회의 구성 및 운영에 필요한 사항은 회의규칙으로 정한다.

제67조(위원회의 권한) 위원회는 그 소관에 속하는 의안과 청원 등 또는 지방의회가 위임한 특정한 안건을 심사한다.

제68조(전문위원) ① 위원회에는 위원장과 위원의 자치입법활동을 지원하기 위하여 지방의회의원이 아닌 전문지식을 가진 위원(이하 "전문위원"이라 한다)을 둔다.

② 전문위원은 위원회에서 의안과 청원 등의 심사, 행정사무감사 및 조사, 그 밖의 소관 사항과 관련하여 검토보고 및 관련 자료의 수집·조사·연구를 한다.

③ 위원회에 두는 전문위원의 직급과 수 등에 관하여 필요한 사항은 대통령령으로 정한다.

제69조(위원회에서의 방청 등) ① 위원회에서 해당 지방의회의원이 아닌 사람은 위원회의 위원장(이하 이 장에서 "위원장"이라 한다)의 허가를 받아 방청할 수 있다.

② 위원장은 질서를 유지하기 위하여 필요할 때에는 방청인의 퇴장을 명할 수 있다.

제70조(위원회의 개회) ① 위원회는 본회의의 의결이 있거나 지방의

회의 의장 또는 위원장이 필요하다고 인정할 때, 재적위원 3분의 1 이상이 요구할 때에 개회한다.

② 폐회 중에는 지방자치단체의 장도 지방의회의 의장 또는 위원장에게 이유서를 붙여 위원회 개회를 요구할 수 있다.

제71조(위원회에 관한 조례) 위원회에 관하여 이 법에서 정한 것 외에 필요한 사항은 조례로 정한다.

제7절 회의

제72조(의사정족수) ① 지방의회는 재적의원 3분의 1 이상의 출석으로 개의(開議)한다.

② 회의 참석 인원이 제1항의 정족수에 미치지 못할 때에는 지방의회의 의장은 회의를 중지하거나 산회(散會)를 선포한다.

제73조(의결정족수) ① 회의는 이 법에 특별히 규정된 경우 외에는 재적의원 과반수의 출석과 출석의원 과반수의 찬성으로 의결한다.

② 지방의회의 의장은 의결에서 표결권을 가지며, 찬성과 반대가 같으면 부결된 것으로 본다.

제74조(표결방법) 본회의에서 표결할 때에는 조례 또는 회의규칙으로 정하는 표결방식에 의한 기록표결로 가부(可否)를 결정한다. 다만, 다음 각 호의 어느 하나에 해당하는 경우에는 무기명투표로 표결한다.

1. 제57조에 따른 의장·부의장 선거
2. 제60조에 따른 임시의장 선출
3. 제62조에 따른 의장·부의장 불신임 의결
4. 제92조에 따른 자격상실 의결
5. 제100조에 따른 징계 의결
6. 제32조, 제120조 또는 제121조, 제192조에 따른 재의 요구에

관한 의결

7. 그 밖에 지방의회에서 하는 각종 선거 및 인사에 관한 사항

제75조(회의의 공개 등) ① 지방의회의 회의는 공개한다. 다만, 지방의회의원 3명 이상이 발의하고 출석의원 3분의 2 이상이 찬성한 경우 또는 지방의회의 의장이 사회의 안녕질서 유지를 위하여 필요하다고 인정하는 경우에는 공개하지 아니할 수 있다.

② 지방의회의 의장은 공개된 회의의 방청 허가를 받은 장애인에게 정당한 편의를 제공하여야 한다.

제76조(의안의 발의) ① 지방의회에서 의결할 의안은 지방자치단체의 장이나 조례로 정하는 수 이상의 지방의회의원의 찬성으로 발의한다.

② 위원회는 그 직무에 속하는 사항에 관하여 의안을 제출할 수 있다.

③ 제1항 및 제2항의 의안은 그 안을 갖추어 지방의회의 의장에게 제출하여야 한다.

④ 제1항에 따라 지방의회의원이 조례안을 발의하는 경우에는 발의 의원과 찬성 의원을 구분하되, 해당 조례안의 제명의 부제로 발의 의원의 성명을 기재하여야 한다. 다만, 발의 의원이 2명 이상인 경우에는 대표발의 의원 1명을 명시하여야 한다.

⑤ 지방의회의원이 발의한 제정조례안 또는 전부개정조례안 중 지방의회에서 의결된 조례안을 공표하거나 홍보하는 경우에는 해당 조례안의 부제를 함께 표기할 수 있다.

제77조(조례안 예고) ① 지방의회는 심사대상인 조례안에 대하여 5일 이상의 기간을 정하여 그 취지, 주요 내용, 전문을 공보나 인터넷 홈페이지 등에 게재하는 방법으로 예고할 수 있다.

② 조례안 예고의 방법, 절차, 그 밖에 필요한 사항은 회의규칙으

로 정한다.

제78조(의안에 대한 비용추계 자료 등의 제출) ① 지방자치단체의 장이 예산상 또는 기금상의 조치가 필요한 의안을 제출할 경우에는 그 의안의 시행에 필요할 것으로 예상되는 비용에 대한 추계서와 그에 따른 재원조달방안에 관한 자료를 의안에 첨부하여야 한다. 〈개정 2021. 10. 19.〉

② 제1항에 따른 비용의 추계 및 재원조달방안에 관한 자료의 작성 및 제출절차 등에 관하여 필요한 사항은 해당 지방자치단체의 조례로 정한다.

제79조(회기계속의 원칙) 지방의회에 제출된 의안은 회기 중에 의결되지 못한 것 때문에 폐기되지 아니한다. 다만, 지방의회의원의 임기가 끝나는 경우에는 그러하지 아니하다.

제80조(일사부재의의 원칙) 지방의회에서 부결된 의안은 같은 회기 중에 다시 발의하거나 제출할 수 없다.

제81조(위원회에서 폐기된 의안) ① 위원회에서 본회의에 부칠 필요가 없다고 결정된 의안은 본회의에 부칠 수 없다. 다만, 위원회의 결정이 본회의에 보고된 날부터 폐회나 휴회 중의 기간을 제외한 7일 이내에 지방의회의 의장이나 재적의원 3분의 1 이상이 요구하면 그 의안을 본회의에 부쳐야 한다.

② 제1항 단서의 요구가 없으면 그 의안은 폐기된다.

제82조(의장이나 의원의 제척) 지방의회의 의장이나 지방의회의원은 본인·배우자·직계존비속(直系尊卑屬) 또는 형제자매와 직접 이해관계가 있는 안건에 관하여는 그 의사에 참여할 수 없다. 다만, 의회의 동의가 있으면 의회에 출석하여 발언할 수 있다.

제83조(회의규칙) 지방의회는 회의 운영에 관하여 이 법에서 정한 것 외에 필요한 사항을 회의규칙으로 정한다.

제84조(회의록) ① 지방의회는 회의록을 작성하고 회의의 진행내용 및 결과와 출석의원의 성명을 적어야 한다.

② 회의록에는 지방의회의 의장과 지방의회에서 선출한 지방의회의원 2명 이상이 서명하여야 한다.

③ 지방의회의 의장은 회의록 사본을 첨부하여 회의 결과를 그 지방자치단체의 장에게 알려야 한다.

④ 지방의회의 의장은 회의록을 지방의회의원에게 배부하고, 주민에게 공개한다. 다만, 비밀로 할 필요가 있다고 지방의회의 의장이 인정하거나 지방의회에서 의결한 사항은 공개하지 아니한다.

제8절 청원

제85조(청원서의 제출) ① 지방의회에 청원을 하려는 자는 지방의회의원의 소개를 받아 청원서를 제출하여야 한다.

② 청원서에는 청원자의 성명(법인인 경우에는 그 명칭과 대표자의 성명을 말한다) 및 주소를 적고 서명 · 날인하여야 한다.

제86조(청원의 불수리) 재판에 간섭하거나 법령에 위배되는 내용의 청원은 수리하지 아니한다.

제87조(청원의 심사 · 처리) ① 지방의회의 의장은 청원서를 접수하면 소관 위원회나 본회의에 회부하여 심사를 하게 한다.

② 청원을 소개한 지방의회의원은 소관 위원회나 본회의가 요구하면 청원의 취지를 설명하여야 한다.

③ 위원회가 청원을 심사하여 본회의에 부칠 필요가 없다고 결정하면 그 처리 결과를 지방의회의 의장에게 보고하고, 지방의회의 의장은 청원한 자에게 알려야 한다.

제88조(청원의 이송과 처리보고) ① 지방의회가 채택한 청원으로서 그 지방자치단체의 장이 처리하는 것이 타당하다고 인정되는 청원은

의견서를 첨부하여 지방자치단체의 장에게 이송한다.

② 지방자치단체의 장은 제1항의 청원을 처리하고 그 처리결과를 지체 없이 지방의회에 보고하여야 한다.

제9절 의원의 사직·퇴직과 자격심사

제89조(의원의 사직) 지방의회는 그 의결로 소속 지방의회의원의 사직을 허가할 수 있다. 다만, 폐회 중에는 지방의회의 의장이 허가할 수 있다.

제90조(의원의 퇴직) 지방의회의원이 다음 각 호의 어느 하나에 해당될 때에는 지방의회의원의 직에서 퇴직한다.

1. 제43조제1항 각 호의 어느 하나에 해당하는 직에 취임할 때
2. 피선거권이 없게 될 때(지방자치단체의 구역변경이나 없어지거나 합한 것 외의 다른 사유로 그 지방자치단체의 구역 밖으로 주민등록을 이전하였을 때를 포함한다)
3. 징계에 따라 제명될 때

제91조(의원의 자격심사) ① 지방의회의원은 다른 의원의 자격에 대하여 이의가 있으면 재적의원 4분의 1 이상의 찬성으로 지방의회의 의장에게 자격심사를 청구할 수 있다.

② 심사 대상인 지방의회의원은 자기의 자격심사에 관한 회의에 출석하여 의견을 진술할 수 있으나, 의결에는 참가할 수 없다.

제92조(자격상실 의결) ① 제91조제1항의 심사 대상인 지방의회의원에 대한 자격상실 의결은 재적의원 3분의 2 이상의 찬성이 있어야 한다.

② 심사 대상인 지방의회의원은 제1항에 따라 자격상실이 확정될 때까지는 그 직을 상실하지 아니한다.

제93조(결원의 통지) 지방의회의 의장은 지방의회의원의 결원이 생

졌을 때에는 15일 이내에 그 지방자치단체의 장과 관할 선거관리위원회에 알려야 한다.

제10절 질서

제94조(회의의 질서유지) ① 지방의회의 의장이나 위원장은 지방의회의원이 본회의나 위원회의 회의장에서 이 법이나 회의규칙에 위배되는 발언이나 행위를 하여 회의장의 질서를 어지럽히면 경고 또는 제지를 하거나 발언의 취소를 명할 수 있다.

② 지방의회의 의장이나 위원장은 제1항의 명에 따르지 아니한 지방의회의원이 있으면 그 지방의회의원에 대하여 당일의 회의에서 발언하는 것을 금지하거나 퇴장시킬 수 있다.

③ 지방의회의 의장이나 위원장은 회의장이 소란하여 질서를 유지하기 어려우면 회의를 중지하거나 산회를 선포할 수 있다.

제95조(모욕 등 발언의 금지) ① 지방의회의원은 본회의나 위원회에서 다른 사람을 모욕하거나 다른 사람의 사생활에 대하여 발언해서는 아니 된다.

② 본회의나 위원회에서 모욕을 당한 지방의회의원은 모욕을 한 지방의회의원에 대하여 지방의회에 징계를 요구할 수 있다.

제96조(발언 방해 등의 금지) 지방의회의원은 회의 중에 폭력을 행사하거나 소란한 행위를 하여 다른 사람의 발언을 방해할 수 없으며, 지방의회의 의장이나 위원장의 허가 없이 연단(演壇)이나 단상(壇上)에 올라가서는 아니 된다.

제97조(방청인의 단속) ① 방청인은 의안에 대하여 찬성·반대를 표명하거나 소란한 행위를 하여서는 아니 된다.

② 지방의회의 의장은 회의장의 질서를 방해하는 방청인의 퇴장을 명할 수 있으며, 필요하면 경찰관서에 인도할 수 있다.

③ 지방의회의 의장은 방청석이 소란하면 모든 방청인을 퇴장시킬 수 있다.

④ 제1항부터 제3항까지에서 규정한 사항 외에 방청인 단속에 필요한 사항은 회의규칙으로 정한다.

제11절 징계

제98조(징계의 사유) 지방의회는 지방의회의원이 이 법이나 자치법규에 위배되는 행위를 하면 윤리특별위원회의 심사를 거쳐 의결로써 징계할 수 있다.

제99조(징계의 요구) ① 지방의회의 의장은 제98조에 따른 징계대상 지방의회의원이 있어 징계 요구를 받으면 윤리특별위원회에 회부한다.

② 제95조제1항을 위반한 지방의회의원에 대하여 모욕을 당한 지방의회의원이 징계를 요구하려면 징계사유를 적은 요구서를 지방의회의 의장에게 제출하여야 한다.

③ 지방의회의 의장은 제2항의 징계 요구를 받으면 윤리특별위원회에 회부한다.

제100조(징계의 종류와 의결) ① 징계의 종류는 다음과 같다.

1. 공개회의에서의 경고
2. 공개회의에서의 사과
3. 30일 이내의 출석정지
4. 제명

② 제1항제4호에 따른 제명 의결에는 재적의원 3분의 2 이상의 찬성이 있어야 한다.

제101조(징계에 관한 회의규칙) 징계에 관하여 이 법에서 정한 사항 외에 필요한 사항은 회의규칙으로 정한다.

제12절 사무기구와 직원

제102조(사무처 등의 설치) ① 시·도의회에는 사무를 처리하기 위하여 조례로 정하는 바에 따라 사무처를 둘 수 있으며, 사무처에는 사무처장과 직원을 둔다.

② 시·군 및 자치구의회에는 사무를 처리하기 위하여 조례로 정하는 바에 따라 사무국이나 사무과를 둘 수 있으며, 사무국·사무과에는 사무국장 또는 사무과장과 직원을 둘 수 있다.

③ 제1항과 제2항에 따른 사무처장·사무국장·사무과장 및 직원(이하 제103조, 제104조 및 제118조에서 "사무직원"이라 한다)은 지방공무원으로 보한다.

제103조(사무직원의 정원과 임면 등) ① 지방의회에 두는 사무직원의 수는 인건비 등 대통령령으로 정하는 기준에 따라 조례로 정한다.

② 지방의회의 의장은 지방의회 사무직원을 지휘·감독하고 법령과 조례·의회규칙으로 정하는 바에 따라 그 임면·교육·훈련·복무·징계 등에 관한 사항을 처리한다.

제104조(사무직원의 직무와 신분보장 등) ① 사무처장·사무국장 또는 사무과장은 지방의회의 의장의 명을 받아 의회의 사무를 처리한다.

② 사무직원의 임용·보수·복무·신분보장·징계 등에 관하여는 이 법에서 정한 것 외에는 「지방공무원법」을 적용한다.

제6장 집행기관

제1절 지방자치단체의 장

제1관 지방자치단체의 장의 직 인수위원회

제105조(지방자치단체의 장의 직 인수위원회) ① 「공직선거법」 제191조에 따른 지방자치단체의 장의 당선인(같은 법 제14조제3항 단서에 따라 당선이 결정된 사람을 포함하며, 이하 이 조에서 "당선

인"이라 한다)은 이 법에서 정하는 바에 따라 지방자치단체의 장의 직 인수를 위하여 필요한 권한을 갖는다.

② 당선인을 보좌하여 지방자치단체의 장의 직 인수와 관련된 업무를 담당하기 위하여 당선이 결정된 때부터 해당 지방자치단체에 지방자치단체의 장의 직 인수위원회(이하 이 조에서 "인수위원회"라 한다)를 설치할 수 있다.

③ 인수위원회는 당선인으로 결정된 때부터 지방자치단체의 장의 임기 시작일 이후 20일의 범위에서 존속한다.

④ 인수위원회는 다음 각 호의 업무를 수행한다.

1. 해당 지방자치단체의 조직 · 기능 및 예산현황의 파악
2. 해당 지방자치단체의 정책기조를 설정하기 위한 준비
3. 그 밖에 지방자치단체의 장의 직 인수에 필요한 사항

⑤ 인수위원회는 위원장 1명 및 부위원장 1명을 포함하여 다음 각 호의 구분에 따른 위원으로 구성한다.

1. 시 · 도: 20명 이내
2. 시 · 군 및 자치구: 15명 이내

⑥ 위원장 · 부위원장 및 위원은 명예직으로 하고, 당선인이 임명하거나 위촉한다.

⑦ 「지방공무원법」 제31조 각 호의 어느 하나에 해당하는 사람은 인수위원회의 위원장 · 부위원장 및 위원이 될 수 없다.

⑧ 인수위원회의 위원장 · 부위원장 및 위원과 그 직에 있었던 사람은 그 직무와 관련하여 알게 된 비밀을 다른 사람에게 누설하거나 지방자치단체의 장의 직 인수 업무 외의 다른 목적으로 이용할 수 없으며, 직권을 남용해서는 아니 된다.

⑨ 인수위원회의 위원장 · 부위원장 및 위원과 그 직에 있었던 사람 중 공무원이 아닌 사람은 인수위원회의 업무와 관련하여 「형법」

이나 그 밖의 법률에 따른 벌칙을 적용할 때에는 공무원으로 본다.

⑩ 제1항부터 제9항까지에서 규정한 사항 외에 인수위원회의 구성·운영 및 인력·예산 지원 등에 필요한 사항은 해당 지방자치단체의 조례로 정한다.

제2관 지방자치단체의 장의 지위

제106조(지방자치단체의 장) 특별시에 특별시장, 광역시에 광역시장, 특별자치시에 특별자치시장, 도와 특별자치도에 도지사를 두고, 시에 시장, 군에 군수, 자치구에 구청장을 둔다.

제107조(지방자치단체의 장의 선거) 지방자치단체의 장은 주민이 보통·평등·직접·비밀선거로 선출한다.

제108조(지방자치단체의 장의 임기) 지방자치단체의 장의 임기는 4년으로 하며, 3기 내에서만 계속 재임(在任)할 수 있다.

제109조(겸임 등의 제한) ① 지방자치단체의 장은 다음 각 호의 어느 하나에 해당하는 직을 겸임할 수 없다.

1. 대통령, 국회의원, 헌법재판소 재판관, 각급 선거관리위원회 위원, 지방의회의원

2. 「국가공무원법」 제2조에 따른 국가공무원과 「지방공무원법」 제2조에 따른 지방공무원

3. 다른 법령에 따라 공무원의 신분을 가지는 직

4. 「공공기관의 운영에 관한 법률」 제4조에 따른 공공기관(한국방송공사, 한국교육방송공사 및 한국은행을 포함한다)의 임직원

5. 농업협동조합, 수산업협동조합, 산림조합, 엽연초생산협동조합, 신용협동조합 및 새마을금고(이들 조합·금고의 중앙회와 연합회를 포함한다)의 임직원

6. 교원

7. 「지방공기업법」 제2조에 따른 지방공사와 지방공단의 임직원

8. 그 밖에 다른 법률에서 겸임할 수 없도록 정하는 직

② 지방자치단체의 장은 재임 중 그 지방자치단체와 영리를 목적으로 하는 거래를 하거나 그 지방자치단체와 관계있는 영리사업에 종사할 수 없다.

제110조(지방자치단체의 폐지·설치·분리·합병과 지방자치단체의 장) 지방자치단체를 폐지하거나 설치하거나 나누거나 합쳐 새로 지방자치단체의 장을 선출하여야 하는 경우에는 그 지방자치단체의 장이 선출될 때까지 시·도지사는 행정안전부장관이, 시장·군수 및 자치구의 구청장은 시·도지사가 각각 그 직무를 대행할 사람을 지정하여야 한다. 다만, 둘 이상의 동격의 지방자치단체를 통폐합하여 새로운 지방자치단체를 설치하는 경우에는 종전의 지방자치단체의 장 중에서 해당 지방자치단체의 장의 직무를 대행할 사람을 지정한다.

제111조(지방자치단체의 장의 사임) ① 지방자치단체의 장은 그 직을 사임하려면 지방의회의 의장에게 미리 사임일을 적은 서면(이하 "사임통지서"라 한다)으로 알려야 한다.

② 지방자치단체의 장은 사임통지서에 적힌 사임일에 사임한다. 다만, 사임통지서에 적힌 사임일까지 지방의회의 의장에게 사임통지가 되지 아니하면 지방의회의 의장에게 사임통지가 된 날에 사임한다.

제112조(지방자치단체의 장의 퇴직) 지방자치단체의 장이 다음 각 호의 어느 하나에 해당될 때에는 그 직에서 퇴직한다.

1. 지방자치단체의 장이 겸임할 수 없는 직에 취임할 때

2. 피선거권이 없게 될 때. 이 경우 지방자치단체의 구역이 변경되거나 없어지거나 합한 것 외의 다른 사유로 그 지방자치단체의 구역 밖으로 주민등록을 이전하였을 때를 포함한다.

3. 제110조에 따라 지방자치단체의 장의 직을 상실할 때

제113조(지방자치단체의 장의 체포 및 확정판결의 통지) ① 수사기관의 장은 체포되거나 구금된 지방자치단체의 장이 있으면 지체 없이 영장의 사본을 첨부하여 해당 지방자치단체에 알려야 한다. 이 경우 통지를 받은 지방자치단체는 그 사실을 즉시 행정안전부장관에게 보고하여야 하며, 시·군 및 자치구가 행정안전부장관에게 보고할 때에는 시·도지사를 거쳐야 한다.

② 각급 법원장은 지방자치단체의 장이 형사사건으로 공소가 제기되어 판결이 확정되면 지체 없이 해당 지방자치단체에 알려야 한다. 이 경우 통지를 받은 지방자치단체는 그 사실을 즉시 행정안전부장관에게 보고하여야 하며, 시·군 및 자치구가 행정안전부장관에게 보고할 때에는 시·도지사를 거쳐야 한다.

제3관 지방자치단체의 장의 권한

제114조(지방자치단체의 통할대표권) 지방자치단체의 장은 지방자치단체를 대표하고, 그 사무를 총괄한다.

제115조(국가사무의 위임) 시·도와 시·군 및 자치구에서 시행하는 국가사무는 시·도지사와 시장·군수 및 자치구의 구청장에게 위임하여 수행하는 것을 원칙으로 한다. 다만, 법령에 다른 규정이 있는 경우에는 그러하지 아니하다.

제116조(사무의 관리 및 집행권) 지방자치단체의 장은 그 지방자치단체의 사무와 법령에 따라 그 지방자치단체의 장에게 위임된 사무를 관리하고 집행한다.

제117조(사무의 위임 등) ① 지방자치단체의 장은 조례나 규칙으로 정하는 바에 따라 그 권한에 속하는 사무의 일부를 보조기관, 소속행정기관 또는 하부행정기관에 위임할 수 있다.

② 지방자치단체의 장은 조례나 규칙으로 정하는 바에 따라 그

권한에 속하는 사무의 일부를 관할 지방자치단체나 공공단체 또는 그 기관(사업소·출장소를 포함한다)에 위임하거나 위탁할 수 있다.

③ 지방자치단체의 장은 조례나 규칙으로 정하는 바에 따라 그 권한에 속하는 사무 중 조사·검사·검정·관리업무 등 주민의 권리·의무와 직접 관련되지 아니하는 사무를 법인·단체 또는 그 기관이나 개인에게 위탁할 수 있다.

④ 지방자치단체의 장이 위임받거나 위탁받은 사무의 일부를 제1항부터 제3항까지의 규정에 따라 다시 위임하거나 위탁하려면 미리 그 사무를 위임하거나 위탁한 기관의 장의 승인을 받아야 한다.

제118조(직원에 대한 임면권 등) 지방자치단체의 장은 소속 직원(지방의회의 사무직원은 제외한다)을 지휘·감독하고 법령과 조례·규칙으로 정하는 바에 따라 그 임면·교육훈련·복무·징계 등에 관한 사항을 처리한다.

제119조(사무인계) 지방자치단체의 장이 퇴직할 때에는 소관 사무 일체를 후임자에게 인계하여야 한다.

제4관 지방의회와의 관계

제120조(지방의회의 의결에 대한 재의 요구와 제소) ① 지방자치단체의 장은 지방의회의 의결이 월권이거나 법령에 위반되거나 공익을 현저히 해친다고 인정되면 그 의결사항을 이송받은 날부터 20일 이내에 이유를 붙여 재의를 요구할 수 있다.

② 제1항의 요구에 대하여 재의한 결과 재적의원 과반수의 출석과 출석의원 3분의 2 이상의 찬성으로 전과 같은 의결을 하면 그 의결사항은 확정된다.

③ 지방자치단체의 장은 제2항에 따라 재의결된 사항이 법령에 위반된다고 인정되면 대법원에 소(訴)를 제기할 수 있다. 이 경우에

는 제192조제4항을 준용한다.

제121조(예산상 집행 불가능한 의결의 재의 요구) ① 지방자치단체의 장은 지방의회의 의결이 예산상 집행할 수 없는 경비를 포함하고 있다고 인정되면 그 의결사항을 이송받은 날부터 20일 이내에 이유를 붙여 재의를 요구할 수 있다.

② 지방의회가 다음 각 호의 어느 하나에 해당하는 경비를 줄이는 의결을 할 때에도 제1항과 같다.

1. 법령에 따라 지방자치단체에서 의무적으로 부담하여야 할 경비
2. 비상재해로 인한 시설의 응급 복구를 위하여 필요한 경비

③ 제1항과 제2항의 경우에는 제120조제2항을 준용한다.

제122조(지방자치단체의 장의 선결처분) ① 지방자치단체의 장은 지방의회가 지방의회의원이 구속되는 등의 사유로 제73조에 따른 의결정족수에 미달될 때와 지방의회의 의결사항 중 주민의 생명과 재산 보호를 위하여 긴급하게 필요한 사항으로서 지방의회를 소집할 시간적 여유가 없거나 지방의회에서 의결이 지체되어 의결되지 아니할 때에는 선결처분(先決處分)을 할 수 있다.

② 제1항에 따른 선결처분은 지체 없이 지방의회에 보고하여 승인을 받아야 한다.

③ 지방의회에서 제2항의 승인을 받지 못하면 그 선결처분은 그 때부터 효력을 상실한다.

④ 지방자치단체의 장은 제2항이나 제3항에 관한 사항을 지체 없이 공고하여야 한다.

제2절 보조기관

제123조(부지사·부시장·부군수·부구청장) ① 특별시·광역시 및 특별자치시에 부시장, 도와 특별자치도에 부지사, 시에 부시장, 군에

부군수, 자치구에 부구청장을 두며, 그 수는 다음 각 호의 구분과 같다.

1. 특별시의 부시장의 수: 3명을 넘지 아니하는 범위에서 대통령령으로 정한다.

2. 광역시와 특별자치시의 부시장 및 도와 특별자치도의 부지사의 수: 2명(인구 800만 이상의 광역시나 도는 3명)을 넘지 아니하는 범위에서 대통령령으로 정한다.

3. 시의 부시장, 군의 부군수 및 자치구의 부구청장의 수: 1명으로 한다.

② 특별시·광역시 및 특별자치시의 부시장, 도와 특별자치도의 부지사는 대통령령으로 정하는 바에 따라 정무직 또는 일반직 국가공무원으로 보한다. 다만, 제1항제1호 및 제2호에 따라 특별시·광역시 및 특별자치시의 부시장, 도와 특별자치도의 부지사를 2명이나 3명 두는 경우에 1명은 대통령령으로 정하는 바에 따라 정무직·일반직 또는 별정직 지방공무원으로 보하되, 정무직과 별정직 지방공무원으로 보할 때의 자격기준은 해당 지방자치단체의 조례로 정한다.

③ 제2항의 정무직 또는 일반직 국가공무원으로 보하는 부시장·부지사는 시·도지사의 제청으로 행정안전부장관을 거쳐 대통령이 임명한다. 이 경우 제청된 사람에게 법적 결격사유가 없으면 시·도지사가 제청한 날부터 30일 이내에 임명절차를 마쳐야 한다.

④ 시의 부시장, 군의 부군수, 자치구의 부구청장은 일반직 지방공무원으로 보하되, 그 직급은 대통령령으로 정하며 시장·군수·구청장이 임명한다.

⑤ 시·도의 부시장과 부지사, 시의 부시장·부군수·부구청장은 해당 지방자치단체의 장을 보좌하여 사무를 총괄하고, 소속 직원을

지휘 · 감독한다.

⑥ 제1항제1호 및 제2호에 따라 시 · 도의 부시장과 부지사를 2명이나 3명 두는 경우에 그 사무 분장은 대통령령으로 정한다. 이 경우 부시장 · 부지사를 3명 두는 시 · 도에서는 그중 1명에게 특정지역의 사무를 담당하게 할 수 있다.

제124조(지방자치단체의 장의 권한대행 등) ① 지방자치단체의 장이 다음 각 호의 어느 하나에 해당되면 부지사 · 부시장 · 부군수 · 부구청장(이하 이 조에서 "부단체장"이라 한다)이 그 권한을 대행한다.

1. 궐위된 경우
2. 공소 제기된 후 구금상태에 있는 경우
3. 「의료법」에 따른 의료기관에 60일 이상 계속하여 입원한 경우

② 지방자치단체의 장이 그 직을 가지고 그 지방자치단체의 장 선거에 입후보하면 예비후보자 또는 후보자로 등록한 날부터 선거일까지 부단체장이 그 지방자치단체의 장의 권한을 대행한다.

③ 지방자치단체의 장이 출장 · 휴가 등 일시적 사유로 직무를 수행할 수 없으면 부단체장이 그 직무를 대리한다.

④ 제1항부터 제3항까지의 경우에 부지사나 부시장이 2명 이상인 시 · 도에서는 대통령령으로 정하는 순서에 따라 그 권한을 대행하거나 직무를 대리한다.

⑤ 제1항부터 제3항까지의 규정에 따라 권한을 대행하거나 직무를 대리할 부단체장이 부득이한 사유로 직무를 수행할 수 없으면 그 지방자치단체의 규칙에 정해진 직제 순서에 따른 공무원이 그 권한을 대행하거나 직무를 대리한다.

제125조(행정기구와 공무원) ① 지방자치단체는 그 사무를 분장하기 위하여 필요한 행정기구와 지방공무원을 둔다.

② 제1항에 따른 행정기구의 설치와 지방공무원의 정원은 인건비

등 대통령령으로 정하는 기준에 따라 그 지방자치단체의 조례로 정한다.

③ 행정안전부장관은 지방자치단체의 행정기구와 지방공무원의 정원이 적절하게 운영되고 다른 지방자치단체와의 균형이 유지되도록 하기 위하여 필요한 사항을 권고할 수 있다.

④ 지방공무원의 임용과 시험 · 자격 · 보수 · 복무 · 신분보장 · 징계 · 교육 · 훈련 등에 관한 사항은 따로 법률로 정한다.

⑤ 지방자치단체에는 제1항에도 불구하고 법률로 정하는 바에 따라 국가공무원을 둘 수 있다.

⑥ 제5항에 규정된 국가공무원의 경우 「국가공무원법」 제32조제1항부터 제3항까지의 규정에도 불구하고 5급 이상의 국가공무원이나 고위공무원단에 속하는 공무원은 해당 지방자치단체의 장의 제청으로 소속 장관을 거쳐 대통령이 임명하고, 6급 이하의 국가공무원은 그 지방자치단체의 장의 제청으로 소속 장관이 임명한다.

제3절 소속 행정기관

제126조(직속기관) 지방자치단체는 소관 사무의 범위에서 필요하면 대통령령이나 대통령령으로 정하는 범위에서 그 지방자치단체의 조례로 자치경찰기관(제주특별자치도만 해당한다), 소방기관, 교육훈련기관, 보건진료기관, 시험연구기관 및 중소기업지도기관 등을 직속기관으로 설치할 수 있다.

제127조(사업소) 지방자치단체는 특정 업무를 효율적으로 수행하기 위하여 필요하면 대통령령으로 정하는 범위에서 그 지방자치단체의 조례로 사업소를 설치할 수 있다.

제128조(출장소) 지방자치단체는 외진 곳의 주민의 편의와 특정지역의 개발 촉진을 위하여 필요하면 대통령령으로 정하는 범위에서 그

지방자치단체의 조례로 출장소를 설치할 수 있다.

제129조(합의제행정기관) ① 지방자치단체는 소관 사무의 일부를 독립하여 수행할 필요가 있으면 법령이나 그 지방자치단체의 조례로 정하는 바에 따라 합의제행정기관을 설치할 수 있다.

② 제1항의 합의제행정기관의 설치·운영에 필요한 사항은 대통령령이나 그 지방자치단체의 조례로 정한다.

제130조(자문기관의 설치 등) ① 지방자치단체는 소관 사무의 범위에서 법령이나 그 지방자치단체의 조례로 정하는 바에 따라 자문기관(소관 사무에 대한 자문에 응하거나 협의, 심의 등을 목적으로 하는 심의회, 위원회 등을 말한다. 이하 같다)을 설치·운영할 수 있다.

② 자문기관은 법령이나 조례에 규정된 기능과 권한을 넘어서 주민의 권리를 제한하거나 의무를 부과하는 내용으로 자문 또는 심의 등을 하여서는 아니 된다.

③ 자문기관의 설치 요건·절차, 구성 및 운영 등에 관한 사항은 대통령령으로 정한다. 다만, 다른 법령에서 지방자치단체에 둘 수 있는 자문기관의 설치 요건·절차, 구성 및 운영 등을 따로 정한 경우에는 그 법령에서 정하는 바에 따른다.

④ 지방자치단체는 자문기관 운영의 효율성 향상을 위하여 해당 지방자치단체에 설치된 다른 자문기관과 성격·기능이 중복되는 자문기관을 설치·운영해서는 아니 되며, 지방자치단체의 조례로 정하는 바에 따라 성격과 기능이 유사한 다른 자문기관의 기능을 포함하여 운영할 수 있다.

⑤ 지방자치단체의 장은 자문기관 운영의 효율성 향상을 위한 자문기관 정비계획 및 조치 결과 등을 종합하여 작성한 자문기관 운영현황을 매년 해당 지방의회에 보고하여야 한다.

제4절 하부행정기관

제131조(하부행정기관의 장) 자치구가 아닌 구에 구청장, 읍에 읍장, 면에 면장, 동에 동장을 둔다. 이 경우 면·동은 행정면·행정동을 말한다.

제132조(하부행정기관의 장의 임명) ① 자치구가 아닌 구의 구청장은 일반직 지방공무원으로 보하되, 시장이 임명한다.

② 읍장·면장·동장은 일반직 지방공무원으로 보하되, 시장·군수 또는 자치구의 구청장이 임명한다.

제133조(하부행정기관의 장의 직무권한) 자치구가 아닌 구의 구청장은 시장, 읍장·면장은 시장이나 군수, 동장은 시장(구가 없는 시의 시장을 말한다)이나 구청장(자치구의 구청장을 포함한다)의 지휘·감독을 받아 소관 국가사무와 지방자치단체의 사무를 맡아 처리하고 소속 직원을 지휘·감독한다.

제134조(하부행정기구) 지방자치단체는 조례로 정하는 바에 따라 자치구가 아닌 구와 읍·면·동에 소관 행정사무를 분장하기 위하여 필요한 행정기구를 둘 수 있다. 이 경우 면·동은 행정면·행정동을 말한다.

제5절 교육·과학 및 체육에 관한 기관

제135조(교육·과학 및 체육에 관한 기관) ① 지방자치단체의 교육·과학 및 체육에 관한 사무를 분장하기 위하여 별도의 기관을 둔다.

② 제1항에 따른 기관의 조직과 운영에 필요한 사항은 따로 법률로 정한다.

제7장 재무

제1절 재정 운영의 기본원칙

제136조(지방재정의 조정) 국가와 지방자치단체는 지역 간 재정불균형을 해소하기 위하여 국가와 지방자치단체 간, 지방자치단체 상호 간에 적절한 재정 조정을 하도록 노력하여야 한다.

제137조(건전재정의 운영) ① 지방자치단체는 그 재정을 수지균형의 원칙에 따라 건전하게 운영하여야 한다.

② 국가는 지방재정의 자주성과 건전한 운영을 장려하여야 하며, 국가의 부담을 지방자치단체에 넘겨서는 아니 된다.

③ 국가는 다음 각 호의 어느 하나에 해당하는 기관의 신설·확장·이전·운영과 관련된 비용을 지방자치단체에 부담시켜서는 아니 된다.

1. 「정부조직법」과 다른 법률에 따라 설치된 국가행정기관 및 그 소속 기관
2. 「공공기관의 운영에 관한 법률」 제4조에 따른 공공기관
3. 국가가 출자·출연한 기관(재단법인, 사단법인 등을 포함한다)
4. 국가가 설립·조성·관리하는 시설 또는 단지 등을 지원하기 위하여 설치된 기관(재단법인, 사단법인 등을 포함한다)

④ 국가는 제3항 각 호의 기관을 신설하거나 확장하거나 이전하는 위치를 선정할 경우 지방자치단체의 재정적 부담을 입지 선정의 조건으로 하거나 입지 적합성의 선정항목으로 이용해서는 아니 된다.

제138조(국가시책의 구현) ① 지방자치단체는 국가시책을 달성하기 위하여 노력하여야 한다.

② 제1항에 따라 국가시책을 달성하기 위하여 필요한 경비의 국고보조율과 지방비부담률은 법령으로 정한다.

제139조(지방채무 및 지방채권의 관리) ① 지방자치단체의 장이나

지방자치단체조합은 따로 법률로 정하는 바에 따라 지방채를 발행할 수 있다.

② 지방자치단체의 장은 따로 법률로 정하는 바에 따라 지방자치단체의 채무부담의 원인이 될 계약의 체결이나 그 밖의 행위를 할 수 있다.

③ 지방자치단체의 장은 공익을 위하여 필요하다고 인정하면 미리 지방의회의 의결을 받아 보증채무부담행위를 할 수 있다.

④ 지방자치단체는 조례나 계약에 의하지 아니하고는 채무의 이행을 지체할 수 없다.

⑤ 지방자치단체는 법령이나 조례의 규정에 따르거나 지방의회의 의결을 받지 아니하고는 채권에 관하여 채무를 면제하거나 그 효력을 변경할 수 없다.

제2절 예산과 결산

제140조(회계연도) 지방자치단체의 회계연도는 매년 1월 1일에 시작하여 그 해 12월 31일에 끝난다.

제141조(회계의 구분) ① 지방자치단체의 회계는 일반회계와 특별회계로 구분한다.

② 특별회계는 법률이나 지방자치단체의 조례로 설치할 수 있다.

제142조(예산의 편성 및 의결) ① 지방자치단체의 장은 회계연도마다 예산안을 편성하여 시·도는 회계연도 시작 50일 전까지, 시·군 및 자치구는 회계연도 시작 40일 전까지 지방의회에 제출하여야 한다.

② 시·도의회는 제1항의 예산안을 회계연도 시작 15일 전까지, 시·군 및 자치구의회는 회계연도 시작 10일 전까지 의결하여야 한다.

③ 지방의회는 지방자치단체의 장의 동의 없이 지출예산 각 항의 금액을 증가시키거나 새로운 비용항목을 설치할 수 없다.

④ 지방자치단체의 장은 제1항의 예산안을 제출한 후 부득이한 사유로 그 내용의 일부를 수정하려면 수정예산안을 작성하여 지방의회에 다시 제출할 수 있다.

제143조(계속비) 지방자치단체의 장은 한 회계연도를 넘어 계속하여 경비를 지출할 필요가 있으면 그 총액과 연도별 금액을 정하여 계속비로서 지방의회의 의결을 받아야 한다.

제144조(예비비) ① 지방자치단체는 예측할 수 없는 예산 외의 지출이나 예산초과지출에 충당하기 위하여 세입·세출예산에 예비비를 계상하여야 한다.

② 예비비의 지출은 다음 해 지방의회의 승인을 받아야 한다.

제145조(추가경정예산) ① 지방자치단체의 장은 예산을 변경할 필요가 있으면 추가경정예산안을 편성하여 지방의회의 의결을 받아야 한다.

② 제1항의 경우에는 제142조제3항 및 제4항을 준용한다.

제146조(예산이 성립하지 아니할 때의 예산 집행) 지방의회에서 새로운 회계연도가 시작될 때까지 예산안이 의결되지 못하면 지방자치단체의 장은 지방의회에서 예산안이 의결될 때까지 다음 각 호의 목적을 위한 경비를 전년도 예산에 준하여 집행할 수 있다.

1. 법령이나 조례에 따라 설치된 기관이나 시설의 유지·운영
2. 법령상 또는 조례상 지출의무의 이행
3. 이미 예산으로 승인된 사업의 계속

제147조(지방자치단체를 신설할 때의 예산) ① 지방자치단체를 폐지하거나 설치하거나 나누거나 합쳐 새로운 지방자치단체가 설치된 경우에는 지체 없이 그 지방자치단체의 예산을 편성하여야 한다.

② 제1항의 경우에 해당 지방자치단체의 장은 예산이 성립될 때까지 필요한 경상적 수입과 지출을 할 수 있다. 이 경우 수입과 지

출은 새로 성립될 예산에 포함시켜야 한다.

제148조(재정부담이 따르는 조례 제정 등) 지방의회는 새로운 재정부담이 따르는 조례나 안건을 의결하려면 미리 지방자치단체의 장의 의견을 들어야 한다.

제149조(예산의 이송 · 고시 등) ① 지방의회의 의장은 예산안이 의결되면 그날부터 3일 이내에 지방자치단체의 장에게 이송하여야 한다.

② 지방자치단체의 장은 제1항에 따라 예산을 이송받으면 지체 없이 시 · 도에서는 행정안전부장관에게, 시 · 군 및 자치구에서는 시 · 도지사에게 각각 보고하고, 그 내용을 고시하여야 한다. 다만, 제121조에 따른 재의 요구를 할 때에는 그러하지 아니하다.

제150조(결산) ① 지방자치단체의 장은 출납 폐쇄 후 80일 이내에 결산서와 증명서류를 작성하고 지방의회가 선임한 검사위원의 검사의견서를 첨부하여 다음 해 지방의회의 승인을 받아야 한다. 결산의 심사 결과 위법하거나 부당한 사항이 있는 경우에 지방의회는 본회의 의결 후 지방자치단체 또는 해당 기관에 변상 및 징계 조치 등 그 시정을 요구하고, 지방자치단체 또는 해당 기관은 시정 요구를 받은 사항을 지체 없이 처리하여 그 결과를 지방의회에 보고하여야 한다.

② 지방자치단체의 장은 제1항에 따른 승인을 받으면 그날부터 5일 이내에 시 · 도에서는 행정안전부장관에게, 시 · 군 및 자치구에서는 시 · 도지사에게 각각 보고하고, 그 내용을 고시하여야 한다.

③ 제1항에 따른 검사위원의 선임과 운영에 필요한 사항은 대통령령으로 정한다.

제151조(지방자치단체가 없어졌을 때의 결산) ① 지방자치단체를 폐지하거나 설치하거나 나누거나 합쳐 없어진 지방자치단체의 수입과

지출은 없어진 날로 마감하되, 그 지방자치단체의 장이었던 사람이 결산하여야 한다.

② 제1항의 결산은 제150조제1항에 따라 사무를 인수한 지방자치단체의 의회의 승인을 받아야 한다.

제3절 수입과 지출

제152조(지방세) 지방자치단체는 법률로 정하는 바에 따라 지방세를 부과·징수할 수 있다.

제153조(사용료) 지방자치단체는 공공시설의 이용 또는 재산의 사용에 대하여 사용료를 징수할 수 있다.

제154조(수수료) ① 지방자치단체는 그 지방자치단체의 사무가 특정인을 위한 것이면 그 사무에 대하여 수수료를 징수할 수 있다.

② 지방자치단체는 국가나 다른 지방자치단체의 위임사무가 특정인을 위한 것이면 그 사무에 대하여 수수료를 징수할 수 있다.

③ 제2항에 따른 수수료는 그 지방자치단체의 수입으로 한다. 다만, 법령에 달리 정해진 경우에는 그러하지 아니하다.

제155조(분담금) 지방자치단체는 그 재산 또는 공공시설의 설치로 주민의 일부가 특히 이익을 받으면 이익을 받는 자로부터 그 이익의 범위에서 분담금을 징수할 수 있다.

제156조(사용료의 징수조례 등) ① 사용료·수수료 또는 분담금의 징수에 관한 사항은 조례로 정한다. 다만, 국가가 지방자치단체나 그 기관에 위임한 사무와 자치사무의 수수료 중 전국적으로 통일할 필요가 있는 수수료는 다른 법령의 규정에도 불구하고 대통령령으로 정하는 표준금액으로 징수하되, 지방자치단체가 다른 금액으로 징수하려는 경우에는 표준금액의 50퍼센트 범위에서 조례로 가감 조정하여 징수할 수 있다.

② 사기나 그 밖의 부정한 방법으로 사용료·수수료 또는 분담금의 징수를 면한 자에게는 그 징수를 면한 금액의 5배 이내의 과태료를, 공공시설을 부정사용한 자에게는 50만원 이하의 과태료를 부과하는 규정을 조례로 정할 수 있다.

③ 제2항에 따른 과태료의 부과·징수, 재판 및 집행 등의 절차에 관한 사항은 「질서위반행위규제법」에 따른다.

제157조(사용료 등의 부과·징수, 이의신청) ① 사용료·수수료 또는 분담금은 공평한 방법으로 부과하거나 징수하여야 한다.

② 사용료·수수료 또는 분담금의 부과나 징수에 대하여 이의가 있는 자는 그 처분을 통지받은 날부터 90일 이내에 그 지방자치단체의 장에게 이의신청할 수 있다.

③ 지방자치단체의 장은 제2항의 이의신청을 받은 날부터 60일 이내에 결정을 하여 알려야 한다.

④ 사용료·수수료 또는 분담금의 부과나 징수에 대하여 행정소송을 제기하려면 제3항에 따른 결정을 통지받은 날부터 90일 이내에 처분청을 당사자로 하여 소를 제기하여야 한다.

⑤ 제3항에 따른 결정기간에 결정의 통지를 받지 못하면 제4항에도 불구하고 그 결정기간이 지난 날부터 90일 이내에 소를 제기할 수 있다.

⑥ 제2항과 제3항에 따른 이의신청의 방법과 절차 등에 관하여는 「지방세기본법」 제90조와 제94조부터 제100조까지의 규정을 준용한다.

⑦ 지방자치단체의 장은 사용료·수수료 또는 분담금을 내야 할 자가 납부기한까지 그 사용료·수수료 또는 분담금을 내지 아니하면 지방세 체납처분의 예에 따라 징수할 수 있다.

제158조(경비의 지출) 지방자치단체는 자치사무 수행에 필요한 경비

와 위임된 사무에 필요한 경비를 지출할 의무를 진다. 다만, 국가사무나 지방자치단체사무를 위임할 때에는 사무를 위임한 국가나 지방자치단체에서 그 경비를 부담하여야 한다.

제4절 재산 및 공공시설

제159조(재산과 기금의 설치) ① 지방자치단체는 행정목적을 달성하기 위한 경우나 공익상 필요한 경우에는 재산(현금 외의 모든 재산적 가치가 있는 물건과 권리를 말한다)을 보유하거나 특정한 자금을 운용하기 위한 기금을 설치할 수 있다.

② 제1항의 재산의 보유, 기금의 설치·운용에 필요한 사항은 조례로 정한다.

제160조(재산의 관리와 처분) 지방자치단체의 재산은 법령이나 조례에 따르지 아니하고는 교환·양여(讓與)·대여하거나 출자 수단 또는 지급 수단으로 사용할 수 없다.

제161조(공공시설) ① 지방자치단체는 주민의 복지를 증진하기 위하여 공공시설을 설치할 수 있다.

② 제1항의 공공시설의 설치와 관리에 관하여 다른 법령에 규정이 없으면 조례로 정한다.

③ 제1항의 공공시설은 관계 지방자치단체의 동의를 받아 그 지방자치단체의 구역 밖에 설치할 수 있다.

제5절 보칙

제162조(지방재정 운영에 관한 법률의 제정) 지방자치단체의 재정에 관하여 이 법에서 정한 것 외에 필요한 사항은 따로 법률로 정한다.

제163조(지방공기업의 설치·운영) ① 지방자치단체는 주민의 복리증진과 사업의 효율적 수행을 위하여 지방공기업을 설치·운영할 수 있다.

② 지방공기업의 설치·운영에 필요한 사항은 따로 법률로 정한다.

제8장 지방자치단체 상호 간의 관계

제1절 지방자치단체 간의 협력과 분쟁조정

제164조(지방자치단체 상호 간의 협력) ① 지방자치단체는 다른 지방자치단체로부터 사무의 공동처리에 관한 요청이나 사무처리에 관한 협의·조정·승인 또는 지원의 요청을 받으면 법령의 범위에서 협력하여야 한다.

② 관계 중앙행정기관의 장은 지방자치단체 간의 협력 활성화를 위하여 필요한 지원을 할 수 있다.

제165조(지방자치단체 상호 간의 분쟁조정) ① 지방자치단체 상호 간 또는 지방자치단체의 장 상호 간에 사무를 처리할 때 의견이 달라 다툼(이하 "분쟁"이라 한다)이 생기면 다른 법률에 특별한 규정이 없으면 행정안전부장관이나 시·도지사가 당사자의 신청을 받아 조정할 수 있다. 다만, 그 분쟁이 공익을 현저히 해쳐 조속한 조정이 필요하다고 인정되면 당사자의 신청이 없어도 직권으로 조정할 수 있다.

② 제1항 단서에 따라 행정안전부장관이나 시·도지사가 분쟁을 조정하는 경우에는 그 취지를 미리 당사자에게 알려야 한다.

③ 행정안전부장관이나 시·도지사가 제1항의 분쟁을 조정하려는 경우에는 관계 중앙행정기관의 장과의 협의를 거쳐 제166조에 따른 지방자치단체중앙분쟁조정위원회나 지방자치단체지방분쟁조정위원회의 의결에 따라 조정을 결정하여야 한다.

④ 행정안전부장관이나 시·도지사는 제3항에 따라 조정을 결정하면 서면으로 지체 없이 관계 지방자치단체의 장에게 통보하여야 하며, 통보를 받은 지방자치단체의 장은 그 조정 결정 사항을 이행

하여야 한다.

⑤ 제3항에 따른 조정 결정 사항 중 예산이 필요한 사항에 대해서는 관계 지방자치단체는 필요한 예산을 우선적으로 편성하여야 한다. 이 경우 연차적으로 추진하여야 할 사항은 연도별 추진계획을 행정안전부장관이나 시·도지사에게 보고하여야 한다.

⑥ 행정안전부장관이나 시·도지사는 제3항의 조정 결정에 따른 시설의 설치 또는 서비스의 제공으로 이익을 얻거나 그 원인을 일으켰다고 인정되는 지방자치단체에 대해서는 그 시설비나 운영비 등의 전부나 일부를 행정안전부장관이 정하는 기준에 따라 부담하게 할 수 있다.

⑦ 행정안전부장관이나 시·도지사는 제4항부터 제6항까지의 규정에 따른 조정 결정 사항이 성실히 이행되지 아니하면 그 지방자치단체에 대하여 제189조를 준용하여 이행하게 할 수 있다.

제166조(지방자치단체중앙분쟁조정위원회 등의 설치와 구성 등) ① 제165조제1항에 따른 분쟁의 조정과 제173조제1항에 따른 협의사항의 조정에 필요한 사항을 심의·의결하기 위하여 행정안전부에 지방자치단체중앙분쟁조정위원회(이하 "중앙분쟁조정위원회"라 한다)를, 시·도에 지방자치단체지방분쟁조정위원회(이하 "지방분쟁조정위원회"라 한다)를 둔다.

② 중앙분쟁조정위원회는 다음 각 호의 분쟁을 심의·의결한다.

1. 시·도 간 또는 그 장 간의 분쟁
2. 시·도를 달리하는 시·군 및 자치구 간 또는 그 장 간의 분쟁
3. 시·도와 시·군 및 자치구 간 또는 그 장 간의 분쟁
4. 시·도와 지방자치단체조합 간 또는 그 장 간의 분쟁
5. 시·도를 달리하는 시·군 및 자치구와 지방자치단체조합 간

또는 그 장 간의 분쟁

6. 시·도를 달리하는 지방자치단체조합 간 또는 그 장 간의 분쟁

③ 지방분쟁조정위원회는 제2항 각 호에 해당하지 아니하는 지방자치단체·지방자치단체조합 간 또는 그 장 간의 분쟁을 심의·의결한다.

④ 중앙분쟁조정위원회와 지방분쟁조정위원회(이하 "분쟁조정위원회"라 한다)는 각각 위원장 1명을 포함하여 11명 이내의 위원으로 구성한다.

⑤ 중앙분쟁조정위원회의 위원장과 위원 중 5명은 다음 각 호의 사람 중에서 행정안전부장관의 제청으로 대통령이 임명하거나 위촉하고, 대통령령으로 정하는 중앙행정기관 소속 공무원은 당연직위원이 된다.

1. 대학에서 부교수 이상으로 3년 이상 재직 중이거나 재직한 사람

2. 판사·검사 또는 변호사의 직에 6년 이상 재직 중이거나 재직한 사람

3. 그 밖에 지방자치사무에 관한 학식과 경험이 풍부한 사람

⑥ 지방분쟁조정위원회의 위원장과 위원 중 5명은 제5항 각 호의 사람 중에서 시·도지사가 임명하거나 위촉하고, 조례로 정하는 해당 지방자치단체 소속 공무원은 당연직위원이 된다.

⑦ 공무원이 아닌 위원장 및 위원의 임기는 3년으로 하며, 연임할 수 있다. 다만, 보궐위원의 임기는 전임자 임기의 남은 기간으로 한다.

제167조(분쟁조정위원회의 운영 등) ① 분쟁조정위원회는 위원장을 포함한 위원 7명 이상의 출석으로 개의하고, 출석위원 3분의 2 이상의 찬성으로 의결한다.

② 분쟁조정위원회의 위원장은 분쟁의 조정과 관련하여 필요하다고 인정하면 관계 공무원, 지방자치단체조합의 직원 또는 관계 전문가를 출석시켜 의견을 듣거나 관계 기관이나 단체에 대하여 자료 및 의견 제출 등을 요구할 수 있다. 이 경우 분쟁의 당사자에게는 의견을 진술할 기회를 주어야 한다.

③ 이 법에서 정한 사항 외에 분쟁조정위원회의 구성과 운영 등에 필요한 사항은 대통령령으로 정한다.

제168조(사무의 위탁) ① 지방자치단체나 그 장은 소관 사무의 일부를 다른 지방자치단체나 그 장에게 위탁하여 처리하게 할 수 있다.

② 지방자치단체나 그 장은 제1항에 따라 사무를 위탁하려면 관계 지방자치단체와의 협의에 따라 규약을 정하여 고시하여야 한다.

③ 제2항의 사무위탁에 관한 규약에는 다음 각 호의 사항이 포함되어야 한다.

1. 사무를 위탁하는 지방자치단체와 사무를 위탁받는 지방자치단체
2. 위탁사무의 내용과 범위
3. 위탁사무의 관리와 처리방법
4. 위탁사무의 관리와 처리에 드는 경비의 부담과 지출방법
5. 그 밖에 사무위탁에 필요한 사항

④ 지방자치단체나 그 장은 사무위탁을 변경하거나 해지하려면 관계 지방자치단체나 그 장과 협의하여 그 사실을 고시하여야 한다.

⑤ 사무가 위탁된 경우 위탁된 사무의 관리와 처리에 관한 조례나 규칙은 규약에 다르게 정해진 경우 외에는 사무를 위탁받은 지방자치단체에 대해서도 적용한다.

제2절 행정협의회

제169조(행정협의회의 구성) ① 지방자치단체는 2개 이상의 지방자치단체에 관련된 사무의 일부를 공동으로 처리하기 위하여 관계 지방자치단체 간의 행정협의회(이하 "협의회"라 한다)를 구성할 수 있다. 이 경우 지방자치단체의 장은 시·도가 구성원이면 행정안전부장관과 관계 중앙행정기관의 장에게, 시·군 또는 자치구가 구성원이면 시·도지사에게 이를 보고하여야 한다.

② 지방자치단체는 협의회를 구성하려면 관계 지방자치단체 간의 협의에 따라 규약을 정하여 관계 지방의회에 각각 보고한 다음 고시하여야 한다.

③ 행정안전부장관이나 시·도지사는 공익상 필요하면 관계 지방자치단체에 대하여 협의회를 구성하도록 권고할 수 있다.

제170조(협의회의 조직) ① 협의회는 회장과 위원으로 구성한다.

② 회장과 위원은 규약으로 정하는 바에 따라 관계 지방자치단체의 직원 중에서 선임한다.

③ 회장은 협의회를 대표하며 회의를 소집하고 협의회의 사무를 총괄한다.

제171조(협의회의 규약) 협의회의 규약에는 다음 각 호의 사항이 포함되어야 한다.

1. 협의회의 명칭
2. 협의회를 구성하는 지방자치단체
3. 협의회가 처리하는 사무
4. 협의회의 조직과 회장 및 위원의 선임방법
5. 협의회의 운영과 사무처리에 필요한 경비의 부담이나 지출방법
6. 그 밖에 협의회의 구성과 운영에 필요한 사항

제172조(협의회의 자료제출 요구 등) 협의회는 사무를 처리하기 위하여 필요하다고 인정하면 관계 지방자치단체의 장에게 자료 제출,

의견 제시, 그 밖에 필요한 협조를 요구할 수 있다.

제173조(협의사항의 조정) ① 협의회에서 합의가 이루어지지 아니한 사항에 대하여 관계 지방자치단체의 장이 조정을 요청하면 시·도 간의 협의사항에 대해서는 행정안전부장관이, 시·군 및 자치구 간의 협의사항에 대해서는 시·도지사가 조정할 수 있다. 다만, 관계되는 시·군 및 자치구가 2개 이상의 시·도에 걸쳐 있는 경우에는 행정안전부장관이 조정할 수 있다.

② 행정안전부장관이나 시·도지사가 제1항에 따라 조정을 하려면 관계 중앙행정기관의 장과의 협의를 거쳐 분쟁조정위원회의 의결에 따라 조정하여야 한다.

제174조(협의회의 협의 및 사무처리의 효력) ① 협의회를 구성한 관계 지방자치단체는 협의회가 결정한 사항이 있으면 그 결정에 따라 사무를 처리하여야 한다.

② 제173조제1항에 따라 행정안전부장관이나 시·도지사가 조정한 사항에 관하여는 제165조제3항부터 제6항까지의 규정을 준용한다.

③ 협의회가 관계 지방자치단체나 그 장의 명의로 한 사무의 처리는 관계 지방자치단체나 그 장이 한 것으로 본다.

제175조(협의회의 규약변경 및 폐지) 지방자치단체가 협의회의 규약을 변경하거나 협의회를 없애려는 경우에는 제169조제1항 및 제2항을 준용한다.

제3절 지방자치단체조합

제176조(지방자치단체조합의 설립) ① 2개 이상의 지방자치단체가 하나 또는 둘 이상의 사무를 공동으로 처리할 필요가 있을 때에는 규약을 정하여 지방의회의 의결을 거쳐 시·도는 행정안전부장관의

승인, 시·군 및 자치구는 시·도지사의 승인을 받아 지방자치단체조합을 설립할 수 있다. 다만, 지방자치단체조합의 구성원인 시·군 및 자치구가 2개 이상의 시·도에 걸쳐 있는 지방자치단체조합은 행정안전부장관의 승인을 받아야 한다.

② 지방자치단체조합은 법인으로 한다.

제177조(지방자치단체조합의 조직) ① 지방자치단체조합에는 지방자치단체조합회의와 지방자치단체조합장 및 사무직원을 둔다.

② 지방자치단체조합회의의 위원과 지방자치단체조합장 및 사무직원은 지방자치단체조합규약으로 정하는 바에 따라 선임한다.

③ 관계 지방의회의원과 관계 지방자치단체의 장은 제43조제1항과 제109조제1항에도 불구하고 지방자치단체조합회의의 위원이나 지방자치단체조합장을 겸할 수 있다.

제178조(지방자치단체조합회의와 지방자치단체조합장의 권한) ① 지방자치단체조합회의는 지방자치단체조합의 규약으로 정하는 바에 따라 지방자치단체조합의 중요 사무를 심의·의결한다.

② 지방자치단체조합회의는 지방자치단체조합이 제공하는 서비스에 대한 사용료·수수료 또는 분담금을 제156조제1항에 따른 조례로 정한 범위에서 정할 수 있다.

③ 지방자치단체조합장은 지방자치단체조합을 대표하며 지방자치단체조합의 사무를 총괄한다.

제179조(지방자치단체조합의 규약) 지방자치단체조합의 규약에는 다음 각 호의 사항이 포함되어야 한다.

1. 지방자치단체조합의 명칭
2. 지방자치단체조합을 구성하는 지방자치단체
3. 사무소의 위치
4. 지방자치단체조합의 사무

5. 지방자치단체조합회의의 조직과 위원의 선임방법

6. 집행기관의 조직과 선임방법

7. 지방자치단체조합의 운영 및 사무처리에 필요한 경비의 부담과 지출방법

8. 그 밖에 지방자치단체조합의 구성과 운영에 관한 사항

제180조(지방자치단체조합의 지도 · 감독) ① 시 · 도가 구성원인 지방자치단체조합은 행정안전부장관, 시 · 군 및 자치구가 구성원인 지방자치단체조합은 1차로 시 · 도지사, 2차로 행정안전부장관의 지도 · 감독을 받는다. 다만, 지방자치단체조합의 구성원인 시 · 군 및 자치구가 2개 이상의 시 · 도에 걸쳐 있는 지방자치단체조합은 행정안전부장관의 지도 · 감독을 받는다.

② 행정안전부장관은 공익상 필요하면 지방자치단체조합의 설립이나 해산 또는 규약 변경을 명할 수 있다.

제181조(지방자치단체조합의 규약 변경 및 해산) ① 지방자치단체조합의 규약을 변경하거나 지방자치단체조합을 해산하려는 경우에는 제176조제1항을 준용한다.

② 지방자치단체조합을 해산한 경우에 그 재산의 처분은 관계 지방자치단체의 협의에 따른다.

제4절 지방자치단체의 장 등의 협의체

제182조(지방자치단체의 장 등의 협의체) ① 지방자치단체의 장이나 지방의회의 의장은 상호 간의 교류와 협력을 증진하고, 공동의 문제를 협의하기 위하여 다음 각 호의 구분에 따라 각각 전국적 협의체를 설립할 수 있다.

1. 시 · 도지사

2. 시 · 도의회의 의장

3. 시장 · 군수 및 자치구의 구청장

4. 시 · 군 및 자치구의회의 의장

② 제1항 각 호의 전국적 협의체는 그들 모두가 참가하는 지방자치단체 연합체를 설립할 수 있다.

③ 제1항에 따른 협의체나 제2항에 따른 연합체를 설립하였을 때에는 그 협의체 · 연합체의 대표자는 지체 없이 행정안전부장관에게 신고하여야 한다.

④ 제1항에 따른 협의체나 제2항에 따른 연합체는 지방자치에 직접적인 영향을 미치는 법령 등에 관한 의견을 행정안전부장관에게 제출할 수 있으며, 행정안전부장관은 제출된 의견을 관계 중앙행정기관의 장에게 통보하여야 한다.

⑤ 관계 중앙행정기관의 장은 제4항에 따라 통보된 내용에 대하여 통보를 받은 날부터 2개월 이내에 타당성을 검토하여 행정안전부장관에게 결과를 통보하여야 하고, 행정안전부장관은 통보받은 검토결과를 해당 협의체나 연합체에 지체 없이 통보하여야 한다. 이 경우 관계 중앙행정기관의 장은 검토 결과 타당성이 없다고 인정하면 구체적인 사유 및 내용을 밝혀 통보하여야 하며, 타당하다고 인정하면 관계 법령에 그 내용이 반영될 수 있도록 적극 협력하여야 한다.

⑥ 제1항에 따른 협의체나 제2항에 따른 연합체는 지방자치와 관련된 법률의 제정 · 개정 또는 폐지가 필요하다고 인정하는 경우에는 국회에 서면으로 의견을 제출할 수 있다.

⑦ 제1항에 따른 협의체나 제2항에 따른 연합체의 설립신고와 운영, 그 밖에 필요한 사항은 대통령령으로 정한다.

제9장 국가와 지방자치단체 간의 관계

제183조(국가와 지방자치단체의 협력 의무) 국가와 지방자치단체는

주민에 대한 균형적인 공공서비스 제공과 지역 간 균형발전을 위하여 협력하여야 한다.

제184조(지방자치단체의 사무에 대한 지도와 지원) ① 중앙행정기관의 장이나 시·도지사는 지방자치단체의 사무에 관하여 조언 또는 권고하거나 지도할 수 있으며, 이를 위하여 필요하면 지방자치단체에 자료 제출을 요구할 수 있다.

② 국가나 시·도는 지방자치단체가 그 지방자치단체의 사무를 처리하는 데 필요하다고 인정하면 재정지원이나 기술지원을 할 수 있다.

③ 지방자치단체의 장은 제1항의 조언·권고 또는 지도와 관련하여 중앙행정기관의 장이나 시·도지사에게 의견을 제출할 수 있다.

제185조(국가사무나 시·도 사무 처리의 지도·감독) ① 지방자치단체나 그 장이 위임받아 처리하는 국가사무에 관하여 시·도에서는 주무부장관, 시·군 및 자치구에서는 1차로 시·도지사, 2차로 주무부장관의 지도·감독을 받는다.

② 시·군 및 자치구나 그 장이 위임받아 처리하는 시·도의 사무에 관하여는 시·도지사의 지도·감독을 받는다.

제186조(중앙지방협력회의의 설치) ① 국가와 지방자치단체 간의 협력을 도모하고 지방자치 발전과 지역 간 균형발전에 관련되는 중요 정책을 심의하기 위하여 중앙지방협력회의를 둔다.

② 제1항에 따른 중앙지방협력회의의 구성과 운영에 관한 사항은 따로 법률로 정한다.

제187조(중앙행정기관과 지방자치단체 간 협의·조정) ① 중앙행정기관의 장과 지방자치단체의 장이 사무를 처리할 때 의견을 달리하는 경우 이를 협의·조정하기 위하여 국무총리 소속으로 행정협의조정위원회를 둔다.

② 행정협의조정위원회는 위원장 1명을 포함하여 13명 이내의 위원으로 구성한다.

③ 행정협의조정위원회의 위원은 다음 각 호의 사람이 되고, 위원장은 제3호의 위촉위원 중에서 국무총리가 위촉한다.

1. 기획재정부장관, 행정안전부장관, 국무조정실장 및 법제처장
2. 안건과 관련된 중앙행정기관의 장과 시·도지사 중 위원장이 지명하는 사람
3. 그 밖에 지방자치에 관한 학식과 경험이 풍부한 사람 중에서 국무총리가 위촉하는 사람 4명

④ 제1항부터 제3항까지에서 규정한 사항 외에 행정협의조정위원회의 구성과 운영 등에 필요한 사항은 대통령령으로 정한다.

제188조(위법·부당한 명령이나 처분의 시정) ① 지방자치단체의 사무에 관한 지방자치단체의 장(제103조제2항에 따른 사무의 경우에는 지방의회의 의장을 말한다. 이하 이 조에서 같다)의 명령이나 처분이 법령에 위반되거나 현저히 부당하여 공익을 해친다고 인정되면 시·도에 대해서는 주무부장관이, 시·군 및 자치구에 대해서는 시·도지사가 기간을 정하여 서면으로 시정할 것을 명하고, 그 기간에 이행하지 아니하면 이를 취소하거나 정지할 수 있다.

② 주무부장관은 지방자치단체의 사무에 관한 시장·군수 및 자치구의 구청장의 명령이나 처분이 법령에 위반되거나 현저히 부당하여 공익을 해침에도 불구하고 시·도지사가 제1항에 따른 시정명령을 하지 아니하면 시·도지사에게 기간을 정하여 시정명령을 하도록 명할 수 있다.

③ 주무부장관은 시·도지사가 제2항에 따른 기간에 시정명령을 하지 아니하면 제2항에 따른 기간이 지난 날부터 7일 이내에 직접 시장·군수 및 자치구의 구청장에게 기간을 정하여 서면으로 시정할

것을 명하고, 그 기간에 이행하지 아니하면 주무부장관이 시장·군수 및 자치구의 구청장의 명령이나 처분을 취소하거나 정지할 수 있다.

④ 주무부장관은 시·도지사가 시장·군수 및 자치구의 구청장에게 제1항에 따라 시정명령을 하였으나 이를 이행하지 아니한 데 따른 취소·정지를 하지 아니하는 경우에는 시·도지사에게 기간을 정하여 시장·군수 및 자치구의 구청장의 명령이나 처분을 취소하거나 정지할 것을 명하고, 그 기간에 이행하지 아니하면 주무부장관이 이를 직접 취소하거나 정지할 수 있다.

⑤ 제1항부터 제4항까지의 규정에 따른 자치사무에 관한 명령이나 처분에 대한 주무부장관 또는 시·도지사의 시정명령, 취소 또는 정지는 법령을 위반한 것에 한정한다.

⑥ 지방자치단체의 장은 제1항, 제3항 또는 제4항에 따른 자치사무에 관한 명령이나 처분의 취소 또는 정지에 대하여 이의가 있으면 그 취소처분 또는 정지처분을 통보받은 날부터 15일 이내에 대법원에 소를 제기할 수 있다.

제189조(지방자치단체의 장에 대한 직무이행명령) ① 지방자치단체의 장이 법령에 따라 그 의무에 속하는 국가위임사무나 시·도위임사무의 관리와 집행을 명백히 게을리하고 있다고 인정되면 시·도에 대해서는 주무부장관이, 시·군 및 자치구에 대해서는 시·도지사가 기간을 정하여 서면으로 이행할 사항을 명령할 수 있다.

② 주무부장관이나 시·도지사는 해당 지방자치단체의 장이 제1항의 기간에 이행명령을 이행하지 아니하면 그 지방자치단체의 비용부담으로 대집행 또는 행정상·재정상 필요한 조치(이하 이 조에서 "대집행등"이라 한다)를 할 수 있다. 이 경우 행정대집행에 관하여는 「행정대집행법」을 준용한다.

③ 주무부장관은 시장·군수 및 자치구의 구청장이 법령에 따라

그 의무에 속하는 국가위임사무의 관리와 집행을 명백히 게을리하고 있다고 인정됨에도 불구하고 시·도지사가 제1항에 따른 이행명령을 하지 아니하는 경우 시·도지사에게 기간을 정하여 이행명령을 하도록 명할 수 있다.

④ 주무부장관은 시·도지사가 제3항에 따른 기간에 이행명령을 하지 아니하면 제3항에 따른 기간이 지난 날부터 7일 이내에 직접 시장·군수 및 자치구의 구청장에게 기간을 정하여 이행명령을 하고, 그 기간에 이행하지 아니하면 주무부장관이 직접 대집행등을 할 수 있다.

⑤ 주무부장관은 시·도지사가 시장·군수 및 자치구의 구청장에게 제1항에 따라 이행명령을 하였으나 이를 이행하지 아니한 데 따른 대집행등을 하지 아니하는 경우에는 시·도지사에게 기간을 정하여 대집행등을 하도록 명하고, 그 기간에 대집행등을 하지 아니하면 주무부장관이 직접 대집행등을 할 수 있다.

⑥ 지방자치단체의 장은 제1항 또는 제4항에 따른 이행명령에 이의가 있으면 이행명령서를 접수한 날부터 15일 이내에 대법원에 소를 제기할 수 있다. 이 경우 지방자치단체의 장은 이행명령의 집행을 정지하게 하는 집행정지결정을 신청할 수 있다.

제190조(지방자치단체의 자치사무에 대한 감사) ① 행정안전부장관이나 시·도지사는 지방자치단체의 자치사무에 관하여 보고를 받거나 서류·장부 또는 회계를 감사할 수 있다. 이 경우 감사는 법령위반사항에 대해서만 한다.

② 행정안전부장관 또는 시·도지사는 제1항에 따라 감사를 하기 전에 해당 사무의 처리가 법령에 위반되는지 등을 확인하여야 한다.

제191조(지방자치단체에 대한 감사 절차 등) ① 주무부장관, 행정안전부장관 또는 시·도지사는 이미 감사원 감사 등이 실시된 사안에

대해서는 새로운 사실이 발견되거나 중요한 사항이 누락된 경우 등 대통령령으로 정하는 경우를 제외하고는 감사 대상에서 제외하고 종전의 감사 결과를 활용하여야 한다.

② 주무부장관과 행정안전부장관은 다음 각 호의 어느 하나에 해당하는 감사를 하려고 할 때에는 지방자치단체의 수감부담을 줄이고 감사의 효율성을 높이기 위하여 같은 기간 동안 함께 감사를 할 수 있다.

1. 제185조에 따른 주무부장관의 위임사무 감사
2. 제190조에 따른 행정안전부장관의 자치사무 감사

③ 제185조, 제190조 및 이 조 제2항에 따른 감사의 절차·방법 등에 관하여 필요한 사항은 대통령령으로 정한다.

제192조(지방의회 의결의 재의와 제소) ① 지방의회의 의결이 법령에 위반되거나 공익을 현저히 해친다고 판단되면 시·도에 대해서는 주무부장관이, 시·군 및 자치구에 대해서는 시·도지사가 해당 지방자치단체의 장에게 재의를 요구하게 할 수 있고, 재의 요구 지시를 받은 지방자치단체의 장은 의결사항을 이송받은 날부터 20일 이내에 지방의회에 이유를 붙여 재의를 요구하여야 한다.

② 시·군 및 자치구의회의 의결이 법령에 위반된다고 판단됨에도 불구하고 시·도지사가 제1항에 따라 재의를 요구하게 하지 아니한 경우 주무부장관이 직접 시장·군수 및 자치구의 구청장에게 재의를 요구하게 할 수 있고, 재의 요구 지시를 받은 시장·군수 및 자치구의 구청장은 의결사항을 이송받은 날부터 20일 이내에 지방의회에 이유를 붙여 재의를 요구하여야 한다.

③ 제1항 또는 제2항의 요구에 대하여 재의한 결과 재적의원 과반수의 출석과 출석의원 3분의 2 이상의 찬성으로 전과 같은 의결을 하면 그 의결사항은 확정된다.

④ 지방자치단체의 장은 제3항에 따라 재의결된 사항이 법령에 위반된다고 판단되면 재의결된 날부터 20일 이내에 대법원에 소를 제기할 수 있다. 이 경우 필요하다고 인정되면 그 의결의 집행을 정지하게 하는 집행정지결정을 신청할 수 있다.

⑤ 주무부장관이나 시ㆍ도지사는 재의결된 사항이 법령에 위반된다고 판단됨에도 불구하고 해당 지방자치단체의 장이 소를 제기하지 아니하면 시ㆍ도에 대해서는 주무부장관이, 시ㆍ군 및 자치구에 대해서는 시ㆍ도지사(제2항에 따라 주무부장관이 직접 재의 요구 지시를 한 경우에는 주무부장관을 말한다. 이하 이 조에서 같다)가 그 지방자치단체의 장에게 제소를 지시하거나 직접 제소 및 집행정지결정을 신청할 수 있다.

⑥ 제5항에 따른 제소의 지시는 제4항의 기간이 지난 날부터 7일 이내에 하고, 해당 지방자치단체의 장은 제소 지시를 받은 날부터 7일 이내에 제소하여야 한다.

⑦ 주무부장관이나 시ㆍ도지사는 제6항의 기간이 지난 날부터 7일 이내에 제5항에 따른 직접 제소 및 집행정지결정을 신청할 수 있다.

⑧ 제1항 또는 제2항에 따라 지방의회의 의결이 법령에 위반된다고 판단되어 주무부장관이나 시ㆍ도지사로부터 재의 요구 지시를 받은 해당 지방자치단체의 장이 재의를 요구하지 아니하는 경우(법령에 위반되는 지방의회의 의결사항이 조례안인 경우로서 재의 요구 지시를 받기 전에 그 조례안을 공포한 경우를 포함한다)에는 주무부장관이나 시ㆍ도지사는 제1항 또는 제2항에 따른 기간이 지난 날부터 7일 이내에 대법원에 직접 제소 및 집행정지 결정을 신청할 수 있다.

⑨ 제1항 또는 제2항에 따른 지방의회의 의결이나 제3항에 따라 재의결된 사항이 둘 이상의 부처와 관련되거나 주무부장관이 불분명하면 행정안전부장관이 재의 요구 또는 제소를 지시하거나 직접 제

소 및 집행정지 결정을 신청할 수 있다.

제10장 국제교류 · 협력

제193조(지방자치단체의 역할) 지방자치단체는 국가의 외교 · 통상 정책과 배치되지 아니하는 범위에서 국제교류 · 협력, 통상 · 투자유치를 위하여 외국의 지방자치단체, 민간기관, 국제기구(국제연합과 그 산하기구 · 전문기구를 포함한 정부 간 기구, 지방자치단체 간 기구를 포함한 준정부 간 기구, 국제 비정부기구 등을 포함한다. 이하 같다)와 협력을 추진할 수 있다.

제194조(지방자치단체의 국제기구 지원) 지방자치단체는 국제기구 설립 · 유치 또는 활동 지원을 위하여 국제기구에 공무원을 파견하거나 운영비용 등 필요한 비용을 보조할 수 있다.

제195조(해외사무소 설치 · 운영) ① 지방자치단체는 국제교류 · 협력 등의 업무를 원활히 수행하기 위하여 필요한 곳에 단독 또는 지방자치단체 간 협력을 통해 공동으로 해외사무소를 설치할 수 있다.

② 지방자치단체는 해외사무소가 효율적으로 운영될 수 있도록 노력해야 한다.

제11장 서울특별시 및 대도시 등과 세종특별자치시 및 제주특별자치도의 행정특례

제196조(자치구의 재원) 특별시장이나 광역시장은 「지방재정법」에서 정하는 바에 따라 해당 지방자치단체의 관할 구역의 자치구 상호 간의 재원을 조정하여야 한다.

제197조(특례의 인정) ① 서울특별시의 지위 · 조직 및 운영에 대해서는 수도로서의 특수성을 고려하여 법률로 정하는 바에 따라 특례를 둘 수 있다.

② 세종특별자치시와 제주특별자치도의 지위·조직 및 행정·재정 등의 운영에 대해서는 행정체제의 특수성을 고려하여 법률로 정하는 바에 따라 특례를 둘 수 있다.

제198조(대도시 등에 대한 특례 인정) ① 서울특별시·광역시 및 특별자치시를 제외한 인구 50만 이상 대도시의 행정, 재정 운영 및 국가의 지도·감독에 대해서는 그 특성을 고려하여 관계 법률로 정하는 바에 따라 특례를 둘 수 있다.

② 제1항에도 불구하고 서울특별시·광역시 및 특별자치시를 제외한 다음 각 호의 어느 하나에 해당하는 대도시 및 시·군·구의 행정, 재정 운영 및 국가의 지도·감독에 대해서는 그 특성을 고려하여 관계 법률로 정하는 바에 따라 추가로 특례를 둘 수 있다. 〈개정 2023. 6. 9.〉

1. 인구 100만 이상 대도시(이하 "특례시"라 한다)

2. 실질적인 행정수요, 지역균형발전 및 지방소멸위기 등을 고려하여 대통령령으로 정하는 기준과 절차에 따라 행정안전부장관이 지정하는 시·군·구

③ 제1항에 따른 인구 50만 이상 대도시와 제2항제1호에 따른 특례시의 인구 인정기준은 대통령령으로 정한다.

제12장 특별지방자치단체

제1절 설치

제199조(설치) ① 2개 이상의 지방자치단체가 공동으로 특정한 목적을 위하여 광역적으로 사무를 처리할 필요가 있을 때에는 특별지방자치단체를 설치할 수 있다. 이 경우 특별지방자치단체를 구성하는 지방자치단체(이하 "구성 지방자치단체"라 한다)는 상호 협의에 따른 규약을 정하여 구성 지방자치단체의 지방의회 의결을 거쳐 행

정안전부장관의 승인을 받아야 한다.

② 행정안전부장관은 제1항 후단에 따라 규약에 대하여 승인하는 경우 관계 중앙행정기관의 장 또는 시·도지사에게 그 사실을 알려야 한다.

③ 특별지방자치단체는 법인으로 한다.

④ 특별지방자치단체를 설치하기 위하여 국가 또는 시·도 사무의 위임이 필요할 때에는 구성 지방자치단체의 장이 관계 중앙행정기관의 장 또는 시·도지사에게 그 사무의 위임을 요청할 수 있다.

⑤ 행정안전부장관이 국가 또는 시·도 사무의 위임이 포함된 규약에 대하여 승인할 때에는 사전에 관계 중앙행정기관의 장 또는 시·도지사와 협의하여야 한다.

⑥ 구성 지방자치단체의 장이 제1항 후단에 따라 행정안전부장관의 승인을 받았을 때에는 규약의 내용을 지체 없이 고시하여야 한다. 이 경우 구성 지방자치단체의 장이 시장·군수 및 자치구의 구청장일 때에는 그 승인사항을 시·도지사에게 알려야 한다.

제200조(설치 권고 등) 행정안전부장관은 공익상 필요하다고 인정할 때에는 관계 지방자치단체에 대하여 특별지방자치단체의 설치, 해산 또는 규약 변경을 권고할 수 있다. 이 경우 행정안전부장관의 권고가 국가 또는 시·도 사무의 위임을 포함하고 있을 때에는 사전에 관계 중앙행정기관의 장 또는 시·도지사와 협의하여야 한다.

제201조(구역) 특별지방자치단체의 구역은 구성 지방자치단체의 구역을 합한 것으로 한다. 다만, 특별지방자치단체의 사무가 구성 지방자치단체 구역의 일부에만 관계되는 등 특별한 사정이 있을 때에는 해당 지방자치단체 구역의 일부만을 구역으로 할 수 있다.

제2절 규약과 기관 구성

제202조(규약 등) ① 특별지방자치단체의 규약에는 법령의 범위에서 다음 각 호의 사항이 포함되어야 한다.

1. 특별지방자치단체의 목적
2. 특별지방자치단체의 명칭
3. 구성 지방자치단체
4. 특별지방자치단체의 관할 구역
5. 특별지방자치단체의 사무소의 위치
6. 특별지방자치단체의 사무
7. 특별지방자치단체의 사무처리를 위한 기본계획에 포함되어야 할 사항
8. 특별지방자치단체의 지방의회의 조직, 운영 및 의원의 선임방법
9. 특별지방자치단체의 집행기관의 조직, 운영 및 장의 선임방법
10. 특별지방자치단체의 운영 및 사무처리에 필요한 경비의 부담 및 지출방법
11. 특별지방자치단체의 사무처리 개시일
12. 그 밖에 특별지방자치단체의 구성 및 운영에 필요한 사항

② 구성 지방자치단체의 장은 제1항의 규약을 변경하려는 경우에는 구성 지방자치단체의 지방의회 의결을 거쳐 행정안전부장관의 승인을 받아야 한다. 이 경우 국가 또는 시·도 사무의 위임에 관하여는 제199조제4항 및 제5항을 준용한다.

③ 구성 지방자치단체의 장은 제2항에 따라 행정안전부장관의 승인을 받았을 때에는 지체 없이 그 사실을 고시하여야 한다. 이 경우 구성 지방자치단체의 장이 시장·군수 및 자치구의 구청장일 때에는 그 승인사항을 시·도지사에게 알려야 한다.

제203조(기본계획 등) ① 특별지방자치단체의 장은 소관 사무를 처

리하기 위한 기본계획(이하 "기본계획"이라 한다)을 수립하여 특별지방자치단체 의회의 의결을 받아야 한다. 기본계획을 변경하는 경우에도 또한 같다.

② 특별지방자치단체는 기본계획에 따라 사무를 처리하여야 한다.

③ 특별지방자치단체의 장은 구성 지방자치단체의 사무처리가 기본계획의 시행에 지장을 주거나 지장을 줄 우려가 있을 때에는 특별지방자치단체의 의회 의결을 거쳐 구성 지방자치단체의 장에게 필요한 조치를 요청할 수 있다.

제204조(의회의 조직 등) ① 특별지방자치단체의 의회는 규약으로 정하는 바에 따라 구성 지방자치단체의 의회 의원으로 구성한다.

② 제1항의 지방의회의원은 제43조제1항에도 불구하고 특별지방자치단체의 의회 의원을 겸할 수 있다.

③ 특별지방자치단체의 의회가 의결하여야 할 안건 중 대통령령으로 정하는 중요한 사항에 대해서는 특별지방자치단체의 장에게 미리 통지하고, 특별지방자치단체의 장은 그 내용을 구성 지방자치단체의 장에게 통지하여야 한다. 그 의결의 결과에 대해서도 또한 같다.

제205조(집행기관의 조직 등) ① 특별지방자치단체의 장은 규약으로 정하는 바에 따라 특별지방자치단체의 의회에서 선출한다.

② 구성 지방자치단체의 장은 제109조에도 불구하고 특별지방자치단체의 장을 겸할 수 있다.

③ 특별지방자치단체의 의회 및 집행기관의 직원은 규약으로 정하는 바에 따라 특별지방자치단체 소속인 지방공무원과 구성 지방자치단체의 지방공무원 중에서 파견된 사람으로 구성한다.

제3절 운영

제206조(경비의 부담) ① 특별지방자치단체의 운영 및 사무처리에

필요한 경비는 구성 지방자치단체의 인구, 사무처리의 수혜범위 등을 고려하여 규약으로 정하는 바에 따라 구성 지방자치단체가 분담한다.

② 구성 지방자치단체는 제1항의 경비에 대하여 특별회계를 설치하여 운영하여야 한다.

③ 국가 또는 시·도가 사무를 위임하는 경우에는 사무를 위임한 국가 또는 시·도가 그 사무를 수행하는 데 필요한 경비를 부담하여야 한다. 〈개정 2023. 9. 14.〉

제207조(사무처리상황 등의 통지) 특별지방자치단체의 장은 대통령령으로 정하는 바에 따라 사무처리 상황 등을 구성 지방자치단체의 장 및 행정안전부장관(시·군 및 자치구만으로 구성하는 경우에는 시·도지사를 포함한다)에게 통지하여야 한다.

제208조(가입 및 탈퇴) ① 특별지방자치단체에 가입하거나 특별지방자치단체에서 탈퇴하려는 지방자치단체의 장은 해당 지방의회의 의결을 거쳐 특별지방자치단체의 장에게 가입 또는 탈퇴를 신청하여야 한다.

② 제1항에 따른 가입 또는 탈퇴의 신청을 받은 특별지방자치단체의 장은 특별지방자치단체 의회의 동의를 받아 신청의 수용 여부를 결정하되, 특별한 사유가 없으면 가입하거나 탈퇴하려는 지방자치단체의 의견을 존중하여야 한다.

③ 제2항에 따른 가입 및 탈퇴에 관하여는 제199조를 준용한다.

제209조(해산) ① 구성 지방자치단체는 특별지방자치단체가 그 설치 목적을 달성하는 등 해산의 사유가 있을 때에는 해당 지방의회의 의결을 거쳐 행정안전부장관의 승인을 받아 특별지방자치단체를 해산하여야 한다.

② 구성 지방자치단체는 제1항에 따라 특별지방자치단체를 해산

할 경우에는 상호 협의에 따라 그 재산을 처분하고 사무와 직원의 재배치를 하여야 하며, 국가 또는 시·도 사무를 위임받았을 때에는 관계 중앙행정기관의 장 또는 시·도지사와 협의하여야 한다. 다만, 협의가 성립하지 아니할 때에는 당사자의 신청을 받아 행정안전부장관이 조정할 수 있다.

제210조(지방자치단체에 관한 규정의 준용) 시·도, 시·도와 시·군 및 자치구 또는 2개 이상의 시·도에 걸쳐 있는 시·군 및 자치구로 구성되는 특별지방자치단체는 시·도에 관한 규정을, 시·군 및 자치구로 구성하는 특별지방자치단체는 시·군 및 자치구에 관한 규정을 준용한다. 다만, 제3조, 제1장제2절, 제11조부터 제14조까지, 제17조제3항, 제25조, 제4장, 제38조, 제39조, 제40조제1항제1호 및 제2호, 같은 조 제3항, 제41조, 제6장제1절제1관, 제106조부터 제108조까지, 제110조, 제112조제2호 후단, 같은 조 제3호, 제123조, 제124조, 제6장제3절(제130조는 제외한다)부터 제5절까지, 제152조, 제166조, 제167조 및 제8장제2절부터 제4절까지, 제11장에 관하여는 그러하지 아니하다.

제211조(다른 법률과의 관계) ① 다른 법률에서 지방자치단체 또는 지방자치단체의 장을 인용하고 있는 경우에는 제202조제1항에 따른 규약으로 정하는 사무를 처리하기 위한 범위에서는 특별지방자치단체 또는 특별지방자치단체의 장을 인용한 것으로 본다.

② 다른 법률에서 시·도 또는 시·도지사를 인용하고 있는 경우에는 제202조제1항에 따른 규약으로 정하는 사무를 처리하기 위한 범위에서는 시·도, 시·도와 시·군 및 자치구 또는 2개 이상의 시·도에 걸쳐 있는 시·군 및 자치구로 구성하는 특별지방자치단체 또는 특별지방자치단체의 장을 인용한 것으로 본다.

③ 다른 법률에서 시·군 및 자치구 또는 시장·군수 및 자치구의

구청장을 인용하고 있는 경우에는 제202조제1항에 따른 규약으로 정하는 사무를 처리하기 위한 범위에서는 동일한 시·도 관할 구역의 시·군 및 자치구로 구성하는 특별지방자치단체 또는 특별지방자치단체의 장을 인용한 것으로 본다.

부칙 〈제17893호, 2021. 1. 12.〉

제1조(시행일) 이 법은 공포 후 1년이 경과한 날부터 시행한다.

제2조(매립지가 속할 지방자치단체의 결정에 관한 적용례) 법률 제9577호 지방자치법 일부개정법률 제4조제4항의 개정규정은 같은 일부개정법률 시행일인 2009년 4월 1일 전에 종전의 「공유수면매립법」 제25조에 따른 준공검사를 받은 매립지에 대하여 시장·군수 및 자치구의 구청장이 2009년 4월 1일 이후 지적공부에 등록하는 경우에도 적용한다.

제3조(조례의 제정범위를 제한하는 하위 법령 금지에 관한 적용례) 제28조제2항의 개정규정은 이 법 시행 이후 최초로 제정·개정되는 하위 법령부터 적용한다.

제4조(지방자치단체의 장의 위법·부당한 명령이나 처분 등에 관한 적용례) ① 제188조제2항의 개정규정은 이 법 시행 이후 시장·군수 및 자치구의 구청장이 하는 명령이나 처분부터 적용한다.

② 제192조제2항의 개정규정은 이 법 시행 이후 시·군 및 자치구의회가 하는 의결부터 적용한다.

제5조(감사 청구에 관한 특례) 이 법 시행 당시 해당 지방자치단체의 조례로 정하는 감사 청구 주민 수 기준이 제21조제1항의 개정규정에 따른 기준에 맞지 아니하는 경우에는 그 기준에 맞는 조례가 제정되거나 그 기준에 맞게 개정될 때까지는 다음 각 호의 구분에 따른 수의 18세 이상 주민의 연서로 제21조의 개정규정에 따른 주

민감사를 청구할 수 있다.

1. 시·도: 300명 이상
2. 인구 50만 이상 대도시: 200명 이상
3. 그 밖의 시·군 및 자치구: 150명 이상

第6조(정책지원 전문인력 도입규모에 관한 특례) 지방의회에 정책지원 전문인력을 두는 경우 그 규모는 2022년 12월 31일까지는 지방의회의원 정수의 4분의 1 범위에서, 2023년 12월 31일까지는 지방의회의원 정수의 2분의 1 범위에서 연차적으로 도입한다.

第7조(일반적 경과조치) 이 법 시행 당시 종전의 규정에 따른 행정기관의 행위나 행정기관에 대하여 한 행위는 그에 해당하는 이 법에 따른 행정기관의 행위나 행정기관에 대하여 한 행위로 본다.

第8조(조례 등의 효력에 관한 경과조치) 법률 제4004호 지방자치법개정법률 시행일인 1988년 5월 1일 당시의 지방자치단체의 조례 및 규칙은 같은 개정법률에 따라 성립된 것으로 본다.

第9조(행정기관에 관한 경과조치) 법률 제4004호 지방자치법개정법률 시행일인 1988년 5월 1일 당시의 종전 법령, 조례 또는 규칙에 따라 설치된 행정기구는 같은 개정법률에 따라 설치된 것으로 본다.

第10조(공무원의 지위에 관한 경과조치) 법률 제4004호 지방자치법개정법률의 개정에 따라 임명방법이나 임명권자가 달라진 공무원은 같은 개정법률에 따라 임명된 것으로 본다.

第11조(하부행정기구에 관한 경과조치) 법률 제7846호 지방자치법 일부개정법률 시행일인 2006년 1월 11일 전에 종전의 「지방자치법」(법률 제7846호로 개정되기 전의 것을 말한다) 제111조에 따라 설치된 행정기구는 그 설치를 위한 조례가 새로 제정·시행될 때까지 유효한 것으로 본다.

第12조(매립지 귀속 지방자치단체 결정 등에 관한 경과조치) 이 법 시행 전에 종전의 제4조제3항 각 호의 지역이 속할 지방자치단체의 결정을 신청한 경우에는 제5조제6항부터 제11항까지의 개정규정에도 불구하고 종전의 규정에 따른다.

제13조(경계변경에 관한 경과조치) 이 법 시행 전에 종전의 제4조에 따라 경계변경에 합의한 경우에는 제6조의 개정규정에도 불구하고 종전의 규정에 따른다.

제14조(조례의 제정과 개정 · 폐지 청구에 관한 경과조치) 조례의 제정과 개정 · 폐지 청구에 관하여는 제19조제2항의 개정규정에 따른 법률이 시행되기 전까지 종전의 규정에 따른다.

제15조(감사 청구기간에 관한 경과조치) 이 법 시행 당시 해당 사무처리가 있었던 날이나 끝난 날부터 2년이 경과한 경우에는 제21조제3항의 개정규정에도 불구하고 종전의 규정에 따른다.

제16조(지방의회의원의 상해 · 사망 등의 보상에 관한 경과조치) 이 법 시행 전에 지방의회의원이 신체에 상해를 입거나 사망한 경우와 그 상해나 직무로 인한 질병으로 사망한 경우에 대한 보상금 지급에 관하여는 제42조의 개정규정에도 불구하고 종전의 규정에 따른다.

제17조(지방의회의원 겸직금지 등에 관한 경과조치) ① 지방의회의 의장은 이 법 시행 전에 종전의 제35조제3항에 따른 겸직신고를 받은 경우로서 이 법 시행 당시 겸직하고 있는 지방의회의원에 대해서는 이 법 시행일부터 6개월 이내에 제43조제4항의 개정규정에 따른 조치를 하여야 한다.

② 지방의회의 의장은 이 법 시행 당시 제43조제5항의 개정규정에 따른 겸직금지 대상이 된 지방의회의원 중 같은 항에 따라 사임하지 아니한 지방의회의원이나 제44조제2항에 위반된다고 인정되는 지방의회의원에 대하여 이 법 시행일부터 6개월 이내에 제43조제6

항의 개정규정에 따른 조치를 하여야 한다.

제18조(임시회 소집 요구 등에 관한 경과조치) 임시회 소집 요구 및 의안의 발의 등에 관하여는 제54조제3항 및 제76조제1항의 개정규정에 따라 해당 지방자치단체의 조례가 제정·개정되기 전까지는 종전의 규정에 따른다.

제19조(지방의회의원의 징계에 관한 경과조치) 이 법 시행 전에 지방의회의원의 징계 요구에 대하여 지방의회의 의장이 본회의에 회부하였을 때에는 제98조 및 제99조의 개정규정에도 불구하고 종전의 규정에 따른다.

제20조(지방의회 사무직원에 관한 경과조치) 이 법 시행 당시의 지방의회 사무직원에 대한 임면·교육·훈련·복무·징계 등에 관하여 지방자치단체의 장이 한 행위는 제103조제2항의 개정규정에 따라 지방의회의 의장이 한 행위로 본다.

제21조(종전 부칙의 적용범위에 관한 경과조치) 종전의 「지방자치법」의 개정에 따라 규정하였던 종전의 부칙은 이 법 시행 전에 그 효력이 이미 상실된 경우를 제외하고는 이 법의 규정에 위배되지 아니하는 범위에서 이 법 시행 이후에도 계속하여 적용한다.

제22조(다른 법률의 개정) ① 간선급행버스체계의 건설 및 운영에 관한 특별법 일부를 다음과 같이 개정한다.

제6조제4호 중 "「지방자치법」 제159조"를 "「지방자치법」 제176조"로 한다.

제33조제2항 중 "「지방자치법」 제159조"를 "「지방자치법」 제176조"로 한다.

② 감염병의 예방 및 관리에 관한 법률 일부를 다음과 같이 개정한다.

제10조제2항제4호 중 "「지방자치법」 제165조"를 "「지방자치법」

제182조”로 한다.

③ 경제자유구역의 지정 및 운영에 관한 특별법 일부를 다음과 같이 개정한다.

제8조의3제1항제2호 중 “「지방자치법」 제159조”를 “「지방자치법」 제176조”로 한다.

제27조의3제3항 중 “「지방자치법」 제159조제1항”을 “「지방자치법」 제176조제1항”으로 한다.

④ 고용정책 기본법 일부를 다음과 같이 개정한다.

제10조제3항제3호 중 “「지방자치법」 제165조”를 “「지방자치법」 제182조”로 한다.

⑤ 공간정보의 구축 및 관리 등에 관한 법률 일부를 다음과 같이 개정한다.

제25조제1항 본문 중 “「지방자치법」 제175조”를 “「지방자치법」 제198조”로 한다.

⑥ 공공감사에 관한 법률 일부를 다음과 같이 개정한다.

제3조제2항 전단 중 “「지방자치법」 제167조”를 “「지방자치법」 제185조”로, “제171조”를 “제190조”로 한다.

제31조제4항제2호 중 “「지방자치법」 제165조제1항제1호부터 제4호까지”를 “「지방자치법」 제182조제1항제1호부터 제4호까지”로 한다.

⑦ 공공단체등 위탁선거에 관한 법률 일부를 다음과 같이 개정한다.

제41조제1항 본문 중 “「지방자치법」 제4조의2”를 각각 “「지방자치법」 제7조”로 한다.

⑧ 공동주택관리법 일부를 다음과 같이 개정한다.

제67조제1항 중 “「지방자치법」 제175조”를 “「지방자치법」 제198

조”로 한다.

⑨ 공유재산 및 물품 관리법 일부를 다음과 같이 개정한다.

제10조제3항 후단 중 “「지방자치법」 제46조”를 “「지방자치법」 제55조”로 하고, 같은 조 제5항 중 “「지방자치법」 제39조제1항제6호”를 “「지방자치법」 제47조제1항제6호”로 한다.

⑩ 공직선거법 일부를 다음과 같이 개정한다.

제22조제2항 중 “「지방자치법」 제7조제2항”을 “「지방자치법」 제10조제2항”으로 한다.

제26조제3항 중 “「지방자치법」 제4조의2제3항”을 “「지방자치법」 제7조제3항”으로, “「지방자치법」 제4조의2제4항”을 “「지방자치법」 제7조제4항”으로 한다.

제31조제2항 후단 중 “「지방자치법」 제4조의2제4항”을 “「지방자치법」 제7조제4항”으로 한다.

제192조제4항 본문 중 “「지방자치법」 제78조”를 “「지방자치법」 제90조”로 한다.

⑪ 국가공무원법 일부를 다음과 같이 개정한다.

제2조의2제2항제3호 중 “「지방자치법」 제110조제2항 · 제112조제5항”을 “「지방자치법」 제123조제2항 · 제125조제5항”으로 한다.

⑫ 국가균형발전 특별법 일부를 다음과 같이 개정한다.

제23조제2항 중 “「지방자치법」 제165조제1항제1호 및 제3호”를 “「지방자치법」 제182조제1항제1호 및 제3호”로 하고, 같은 조 제3항 제1호 중 “「지방자치법」 제165조”를 “「지방자치법」 제182조”로 한다.

⑬ 국토의 계획 및 이용에 관한 법률 일부를 다음과 같이 개정한다.

제29조제1항 각 호 외의 부분 단서 중 “「지방자치법」 제175조”를 “「지방자치법」 제198조”로 한다.

⑭ 농림수산식품투자조합 결성 및 운용에 관한 법률 일부를 다음

과 같이 개정한다.

제12조제4항 중 "「지방자치법」 제142조"를 "「지방자치법」 제159조"로 한다.

⑮ 농업·농촌 공익기능 증진 직접지불제도 운영에 관한 법률 일부를 다음과 같이 개정한다.

제40조제1항 중 "「지방자치법」 제4조의2제4항"을 "「지방자치법」 제7조제4항"으로 한다.

⑯ 농촌진흥법 일부를 다음과 같이 개정한다.

제3조 중 "「지방자치법」 제113조"를 "「지방자치법」 제126조"로 한다.

⑰ 도로법 일부를 다음과 같이 개정한다.

제8조제7항 중 "「지방자치법」 제175조"를 "「지방자치법」 제198조"로 한다.

⑱ 도시개발법 일부를 다음과 같이 개정한다.

제3조제1항제2호 및 같은 조 제2항 중 "「지방자치법」 제175조"를 각각 "「지방자치법」 제198조"로 한다.

⑲ 도시공원 및 녹지 등에 관한 법률 일부를 다음과 같이 개정한다.

제3조제1항 중 "「지방자치법」 제175조"를 "「지방자치법」 제198조"로 한다.

제15조제1항제3호아목 중 "「지방자치법」 제175조"를 "「지방자치법」 제198조"로 한다.

⑳ 도시 및 주거환경정비법 일부를 다음과 같이 개정한다.

제2조제3호다목1)·2) 외의 부분 중 "「지방자치법」 제175조"를 "「지방자치법」 제198조"로 한다.

㉑ 도시와 농어촌 간의 교류촉진에 관한 법률 일부를 다음과 같

이 개정한다.

제2조제4호 중 “제4조의2제4항”을 “제7조제4항”으로 한다.

㉒ 도시재정비 촉진을 위한 특별법 일부를 다음과 같이 개정한다.

제4조제1항 전단 중 “「지방자치법」 제175조”를 “「지방자치법」 제198조”로 한다.

㉓ 물환경보전법 일부를 다음과 같이 개정한다.

제9조제3항 전단 중 “「지방자치법」 제175조”를 “「지방자치법」 제198조”로 한다.

㉔ 법률 제17007호 박물관 및 미술관 진흥법 일부개정법률 일부를 다음과 같이 개정한다.

제16조제1항 본문 중 “「지방자치법」 제175조”를 “「지방자치법」 제198조”로 한다.

㉕ 벤처기업육성에 관한 특별조치법 일부를 다음과 같이 개정한다.

제18조제1항 전단 중 “「지방자치법」 제175조”를 “「지방자치법」 제198조”로 한다.

㉖ 부패방지 및 국민권익위원회의 설치와 운영에 관한 법률 일부를 다음과 같이 개정한다.

제72조제3항 중 “「지방자치법」 제16조”를 “「지방자치법」 제21조”로 한다.

㉗ 빈집 및 소규모주택 정비에 관한 특례법 일부를 다음과 같이 개정한다. 〈개정 2021. 4. 13.〉

제13조제7호 중 “「지방자치법」 제175조”를 “「지방자치법」 제198조”로 한다.

㉘ 사회보장급여의 이용·제공 및 수급권자 발굴에 관한 법률 일부를 다음과 같이 개정한다.

제13조제2항제21호 중 "「지방자치법」 제4조의2제4항"을 "「지방자치법」 제7조제4항"으로 한다.

㉙ 산업입지 및 개발에 관한 법률 일부를 다음과 같이 개정한다.

제5조제3항 본문 중 "「지방자치법」 제175조"를 "「지방자치법」 제198조"로 한다.

㉚ 산업집적활성화 및 공장설립에 관한 법률 일부를 다음과 같이 개정한다.

제3조의2제1항 전단 중 "「지방자치법」 제175조"를 "「지방자치법」 제198조"로 한다.

㉛ 새만금사업 추진 및 지원에 관한 특별법 일부를 다음과 같이 개정한다.

제51조 중 "「지방자치법」 제4조"를 "「지방자치법」 제5조"로 한다.

㉜ 서울특별시 행정특례에 관한 법률 일부를 다음과 같이 개정한다.

제1조 중 "「지방자치법」 제174조"를 "「지방자치법」 제197조"로 한다.

제4조제2항 중 "「지방자치법」 제171조"를 "「지방자치법」 제190조"로 한다.

㉝ 선거관리위원회법 일부를 다음과 같이 개정한다.

제2조제2항 본문 중 "「지방자치법」 제4조의2제3항"을 "「지방자치법」 제7조제3항"으로, "「지방자치법」 제4조의2제4항"을 "「지방자치법」 제7조제4항"으로 한다.

㉞ 세종특별자치시 설치 등에 관한 특별법 일부를 다음과 같이 개정한다.

제11조제2항 중 "「지방자치법」 제151조"를 "「지방자치법」 제168조"로 한다.

제15조 중 "「지방자치법」 제112조"를 "「지방자치법」 제125조"로

한다.

제21조제1항 중 "「지방자치법」 제171조"를 "「지방자치법」 제190조"로 한다.

㉟ 소나무재선충병 방제특별법 일부를 다음과 같이 개정한다.

제9조제1항 중 "「지방자치법」 제4조의2제4항"을 "「지방자치법」 제7조제4항"으로 한다.

㊱ 법률 제16771호 소방재정지원 및 시·도 소방특별회계 설치법 일부를 다음과 같이 개정한다.

제2조제1호가목 중 "「지방자치법」 제9조제2항제6호"를 "「지방자치법」 제13조제2항제6호"로 한다.

㊲ 소재·부품·장비산업 경쟁력강화를 위한 특별조치법 일부를 다음과 같이 개정한다.

제19조제2항 중 "「지방자치법」 제142조"를 "「지방자치법」 제159조"로 한다.

㊳ 송·변전설비 주변지역의 보상 및 지원에 관한 법률 일부를 다음과 같이 개정한다.

제2조제2호 각 목 외의 부분 단서 중 "「지방자치법」 제4조의2제4항"을 "「지방자치법」 제7조제4항"으로 한다.

㊴ 수산과학기술진흥을 위한 시험연구 등에 관한 법률 일부를 다음과 같이 개정한다.

제3조 중 "「지방자치법」 제113조"를 "「지방자치법」 제126조"로 한다.

㊵ 아동·청소년의 성보호에 관한 법률 일부를 다음과 같이 개정한다.

제56조제1항제20호 중 "「지방자치법」 제144조"를 "「지방자치법」 제161조"로 한다.

㊶ 법률 제17007호 어촌·어항법 일부개정법률 일부를 다음과 같이 개정한다.

제16조제2호 중 "「지방자치법」 제175조"를 "「지방자치법」 제198조"로 한다.

㊷ 장사 등에 관한 법률 일부를 다음과 같이 개정한다.

제38조제3항 중 "「지방자치법」 제104조"를 "「지방자치법」 제117조"로 한다.

㊸ 제주특별자치도 설치 및 국제자유도시 조성을 위한 특별법 일부를 다음과 같이 개정한다.

제16조제2항 단서 중 "「지방자치법」 제4조의2제1항"을 "「지방자치법」 제7조제1항"으로 한다.

제32조 전단 중 "「지방자치법」 제111조제4항"을 "「지방자치법」 제124조제4항"으로, "「지방자치법」 제111조제5항"을 "「지방자치법」 제124조제5항"으로 하고, 같은 조 후단 중 "「지방자치법」 제111조제4항"을 "「지방자치법」 제124조제4항"으로 한다.

제39조제1항 중 "도의회의 조례"를 "「지방자치법」 제41조에도 불구하고 도의회의 조례"로, "「지방자치법」 제56조"를 "「지방자치법」 제64조"로 한다.

제40조제1항 중 "「지방자치법」 제33조"를 "「지방자치법」 제40조"로 한다.

제42조 중 "「지방자치법」 제41조제7항"을 "「지방자치법」 제49조제7항"으로 한다.

제43조제1항 중 "「지방자치법」 제110조제2항 단서"를 "「지방자치법」 제123조제2항 단서"로 한다.

제44조제1항 각 호 외의 부분 중 "「지방자치법」 제59조제3항(정수에 관한 사항으로 한정한다), 제90조제3항, 제91조제2항"을 "「지

방자치법」 제68조제3항(수에 관한 사항으로 한정한다), 제102조제3항, 제103조제2항"으로, "제110조제1항, 같은 조 제2항 단서(정수에 관한 사항으로 한정한다), 같은 조 제6항, 제112조제1항 · 제2항"을 "제123조제1항, 같은 조 제2항 단서(수에 관한 사항으로 한정한다), 같은 조 제6항, 제125조제1항 · 제2항"으로, "제113조부터 제115조까지"를 "제126조부터 제128조까지"로 하고, 같은 항 제2호 중 "부지사의 정수"를 "부지사의 수"로 한다.

제44조제2항 중 "「지방자치법」 제110조제2항 본문"을 "「지방자치법」 제123조제2항 본문"으로 한다.

제45조제3항제1호 중 "「지방자치법」 제4조의2제4항"을 "「지방자치법」 제7조제4항"으로 하고, 같은 항 제2호 중 "「지방자치법」 제4조의2제5항"을 "「지방자치법」 제7조제5항"으로 한다.

제49조제1항 중 "「지방자치법」 제112조제2항"을 "「지방자치법」 제125조제2항"으로 한다.

제62조제1항 본문 중 "「지방자치법」 제113조"를 "「지방자치법」 제126조"로 한다.

제63조 중 "「지방자치법」 제56조"를 "「지방자치법」 제64조"로 한다.

제64조제1항 중 "「지방자치법」 제31조"를 "「지방자치법」 제38조"로 한다.

제67조제1항제1호 중 "「지방자치법」 제35조제1항제1호"를 "「지방자치법」 제43조제1항제1호"로 한다.

제69조제2항 중 "「지방자치법」 제66조제1항"을 "「지방자치법」 제76조제1항"으로 한다.

제70조제2항 전단 중 "「지방자치법」 제26조제3항"을 "「지방자치법」 제32조제3항"으로 한다.

제71조 전단 중 "「지방자치법」 제63조 및 제64조"를 "「지방자치

법」 제72조 및 제73조"로 한다.

제77조제1항 전단 중 "제16조, 제100조, 제106조부터 제108조까지, 제148조 및 제151조"를 "제21조, 제113조, 제119조부터 제121조까지, 제165조 및 제168조"로 한다.

제85조 전단 중 "「지방자치법」 제124조제1항"을 "「지방자치법」 제139조제1항"으로 한다.

제86조 전단 중 "「지방자치법」 제124조"를 "「지방자치법」 제139조"로 한다.

제104조제1항 중 "「지방자치법」 제169조"를 "「지방자치법」 제188조"로 하고, 같은 조 제2항 중 "「지방자치법」 제172조"를 "「지방자치법」 제192조"로 한다.

제131조제1항 중 "「지방자치법」 제171조"를 "「지방자치법」 제190조"로 한다.

제139조제1항 단서 중 "「지방자치법」 제16조"를 "「지방자치법」 제21조"로 한다.

제152조제5항 전단 중 "「지방자치법」 제39조제1항제6호"를 "「지방자치법」 제47조제1항제6호"로 한다.

제362조제3항 각 호 외의 부분 단서 중 "「지방자치법」 제124조"를 "「지방자치법」 제139조"로 한다.

㊹ 주민소환에 관한 법률 일부를 다음과 같이 개정한다.

제1조 중 "「지방자치법」 제20조의 규정에 의한"을 "「지방자치법」 제25조에 따른"으로 한다.

제21조제2항 중 "「지방자치법」 제111조제4항"을 "「지방자치법」 제124조제4항"으로, "「지방자치법」 제111조제5항"을 "「지방자치법」 제124조제5항"으로 한다.

㊺ 주민투표법 일부를 다음과 같이 개정한다.

제1조 중 "「지방자치법」 제14조의 규정에 의한"을 "「지방자치법」 제18조에 따른"으로 한다.

㊻ 주택법 일부를 다음과 같이 개정한다.

제15조제1항제1호 중 "「지방자치법」 제175조"를 "「지방자치법」 제198조"로 한다.

㊼ 중소기업진흥에 관한 법률 일부를 다음과 같이 개정한다.

제29조제2항 전단 중 "「지방자치법」 제175조"를 "「지방자치법」 제198조"로 한다.

㊽ 중소기업창업 지원법 일부를 다음과 같이 개정한다. 〈개정 2021. 12. 28.〉

제23조제2항제1호 중 "「지방자치법」 제138조"를 "「지방자치법」 제155조"로 한다.

㊾ 지방공기업법 일부를 다음과 같이 개정한다.

제8조제4호 중 "「지방자치법」 제139조제2항"을 "「지방자치법」 제156조제2항"로 한다.

제40조제2항 중 "「지방자치법」 제39조제1항제6호"를 "「지방자치법」 제47조제1항제6호"로 한다.

㊿ 지방교부세법 일부를 다음과 같이 개정한다.

제2조제2호 중 "제159조제1항"을 "제176조제1항"으로 한다.

〈51〉 지방교육자치에 관한 법률 일부를 다음과 같이 개정한다.

제24조의3제4호 중 "「지방자치법」 제97조"를 "「지방자치법」 제110조"로 한다.

제29조제1항제1호 중 "「지방자치법」 제64조"를 "「지방자치법」 제73조"로 한다.

제31조 전단 중 "「지방자치법」 제111조"를 "「지방자치법」 제124조"로 한다.

〈52〉 지방세기본법 일부를 다음과 같이 개정한다.

제2조제1항제27호 중 “「지방자치법」 제159조제1항”을 “「지방자치법」 제176조제1항”으로 한다.

제88조제1항제1호 단서 중 “「지방자치법」 제169조 및 제171조”를 “「지방자치법」 제188조 및 제190조”로 한다.

〈53〉 지방세법 일부를 다음과 같이 개정한다.

제9조제1항 본문 중 “「지방자치법」 제159조제1항”을 “「지방자치법」 제176조제1항”으로 한다.

제34조제5항, 제113조제5항 및 제151조제4항 중 “「지방자치법」 제4조제1항”을 각각 “「지방자치법」 제5조제1항”으로 한다.

〈54〉 지방세징수법 일부를 다음과 같이 개정한다.

제30조 단서 중 “「지방자치법」 제159조”를 “「지방자치법」 제176조”로 한다.

〈55〉 지방세특례제한법 일부를 다음과 같이 개정한다.

제38조제5항 중 “「지방자치법」 제4조제1항”을 “「지방자치법」 제5조제1항”으로 한다.

제63조제2항제1호 중 “「지방자치법」 제159조제1항”을 “「지방자치법」 제176조제1항”으로 한다.

〈56〉 지방의료원의 설립 및 운영에 관한 법률 일부를 다음과 같이 개정한다.

제24조제1항제11호 중 “「지방자치법」 제41조의2제2항”을 “「지방자치법」 제50조제2항”으로 한다.

〈57〉 지방자치단체 기금관리기본법 일부를 다음과 같이 개정한다.

제2조, 제3조제3항 및 제6조제3항 중 “「지방자치법」 제142조”를 각각 “「지방자치법」 제159조”로 한다.

제17조제2항 중 “「지방자치법」 제159조”를 “「지방자치법」 제176

조”로 한다.

제18조제1항제1호 중 “「지방자치법」 제124조”를 “「지방자치법」 제139조”로 한다.

〈58〉 지방자치단체를 당사자로 하는 계약에 관한 법률 일부를 다음과 같이 개정한다.

제27조제1항제3호 중 “「지방자치법」 제159조”를 “「지방자치법」 제176조”로 한다.

〈59〉 지방자치단체에 두는 국가공무원의 정원에 관한 법률 일부를 다음과 같이 개정한다.

제1조 중 “「지방자치법」 제112조제5항”을 “「지방자치법」 제125조제5항”으로 한다.

제2조제1호 중 “「지방자치법」 제110조”를 “「지방자치법」 제123조”로 한다.

〈60〉 지방재정법 일부를 다음과 같이 개정한다.

제11조제4항 전단 중 “「지방자치법」 제159조”를 “「지방자치법」 제176조”로 한다.

제13조제1항 중 “「지방자치법」 제124조제3항”을 “「지방자치법」 제139조제3항”으로 하고, 같은 조 제4항 중 “「지방자치법」 제39조제1항제8호”를 “「지방자치법」 제47조제1항제8호”로 한다.

제32조의2제3항제3호 중 “「지방자치법」 제132조”를 “「지방자치법」 제148조”로 한다.

제36조의2제2항 중 “「지방자치법」 제127조”를 “「지방자치법」 제142조”로 한다.

제37조제1항제2호다목 중 “「지방자치법」 제39조제1항제8호”를 “「지방자치법」 제47조제1항제8호”로 한다.

제39조제1항 중 “「지방자치법」 제39조”를 “「지방자치법」 제47조”

로 한다.

제43조제4항 중 “「지방자치법」 제134조제1항”을 “「지방자치법」 제150조제1항”으로 한다.

제46조제1항 중 “「지방자치법」 제131조”를 “「지방자치법」 제146조”로 한다.

제88조 중 “「지방자치법」 제152조”를 “「지방자치법」 제169조”로 한다.

〈61〉 지방회계법 일부를 다음과 같이 개정한다.

제3조제1호 중 “「지방자치법」 제126조”를 “「지방자치법」 제141조”로 한다.

제14조제1항 중 “「지방자치법」 제134조제1항”을 “「지방자치법」 제150조제1항”으로 한다.

〈62〉 지역문화진흥법 일부를 다음과 같이 개정한다.

제18조제1항 각 호 외의 부분 중 “「지방자치법」 제175조”를 “「지방자치법」 제198조”로 한다.

〈63〉 지역보건법 일부를 다음과 같이 개정한다.

제15조 중 “「지방자치법」 제112조”를 “「지방자치법」 제125조”로 한다.

〈64〉 지적재조사에 관한 특별법 일부를 다음과 같이 개정한다.

제4조제1항제4호 및 같은 조 제2항 중 “「지방자치법」 제175조”를 각각 “「지방자치법」 제198조”로 한다.

〈65〉 청년기본법 일부를 다음과 같이 개정한다.

제13조제4항제2호 중 “「지방자치법」 제165조제1항제1호 및 제3호”를 “「지방자치법」 제182조제1항제1호 및 제3호”로 한다.

〈66〉 충청북도 청주시 설치 및 지원특례에 관한 법률 일부를 다음과 같이 개정한다.

제1조 중 “「지방자치법」 제4조제1항”을 “「지방자치법」 제5조제1항”으로 한다.

〈67〉 폐기물처리시설 설치촉진 및 주변지역지원 등에 관한 법률 일부를 다음과 같이 개정한다.

제2조제2호가목(1)부터 (3)까지 외의 부분, 제8조, 제9조제7항 전단 및 제19조제1항 중 “「지방자치법」 제159조”를 각각 “「지방자치법」 제176조”로 한다.

〈68〉 환경분야 시험·검사 등에 관한 법률 일부를 다음과 같이 개정한다.

제16조제1항 전단 중 “「지방자치법」 제175조”를 “「지방자치법」 제198조”로 한다.

〈69〉 법률 제17331호 수산업·어촌 공익기능 증진을 위한 직접지불제도 운영에 관한 법률 일부를 다음과 같이 개정한다.

제27조제1항 중 “「지방자치법」 제4조의2제4항”을 “「지방자치법」 제7조제4항”으로 한다.

제23조(다른 법령과의 관계) 이 법 시행 당시 다른 법령에서 종전의 「지방자치법」의 규정을 인용하고 있는 경우에는 이 법 가운데 그에 해당하는 규정이 있으면 종전의 규정을 갈음하여 이 법의 해당 규정을 인용한 것으로 본다.

부칙 〈제18049호, 2021. 4. 13.〉 (빈집 및 소규모주택 정비에 관한 특례법)

제1조(시행일) 이 법은 공포 후 6개월이 경과한 날부터 시행한다. 〈단서 생략〉

제2조 생략

제3조(다른 법률의 개정) 법률 제17893호 지방자치법 전부개정법률

일부를 다음과 같이 개정한다.

부칙 제22조제27항 중 "제13조제6호"를 "제13조제7호"로 한다.

부칙 〈제18092호, 2021. 4. 20.〉

이 법은 공포 후 6개월이 경과한 날부터 시행한다. 다만, 법률 제17893호 지방자치법 전부개정법률 제7조제4항부터 제6항까지의 개정규정은 2022년 1월 13일부터 시행한다.

부칙 〈제18497호, 2021. 10. 19.〉

이 법은 공포한 날부터 시행한다. 다만, 법률 제17893호 지방자치법 전부개정법률 제24조제2항·제55조 및 제78조제1항의 개정규정은 2022년 1월 13일부터 시행한다.

부칙 〈제18661호, 2021. 12. 28.〉 (중소기업창업 지원법)

제1조(시행일) 이 법은 공포 후 6개월이 경과한 날부터 시행한다. 다만, ···〈생략〉···· 부칙 제7조제27항은 2022년 1월 13일부터 시행한다.

제2조 부터 제6조까지 생략

제7조(다른 법률의 개정) ①부터 ㉖까지 생략

㉗ 법률 제17893호 지방자치법 전부개정법률 일부를 다음과 같이 개정한다.

부칙 제22조제48항 중 "제39조의3제2항제1호"를 "제23조제2항제1호"로 한다.

제8조 생략

부칙 〈제19241호, 2023. 3. 21.〉

제1조(시행일) 이 법은 공포 후 6개월이 경과한 날부터 시행한다.
제2조(다른 법률의 개정) 지방공기업법 일부를 다음과 같이 개정한다.

제58조제3항 단서를 다음과 같이 하고, 같은 조 제4항 각 호 외의 부분 전단 중 “연임시킬 수 있다”를 “임원추천위원회의 심의를 거쳐 연임시킬 수 있다”로 한다.

다만, 「지방자치법」 제47조의2에 따라 인사청문회를 실시하는 경우에는 임원추천위원회의 추천 절차를 생략할 수 있다.

부칙 〈제19428호, 2023. 6. 7.〉

이 법은 공포한 날부터 시행한다.

부칙 〈제19430호, 2023. 6. 9.〉 (지방자치분권 및 지역균형발전에 관한 특별법)

제1조(시행일) 이 법은 공포 후 1개월이 경과한 날부터 시행한다. 〈단서 생략〉
제2조 부터 제20조까지 생략
제21조(다른 법률의 개정) ①부터 ㊼까지 생략

㊽ 지방자치법 일부를 다음과 같이 개정한다.

제198조제2항제2호 중 “국가균형발전”을 “지역균형발전”으로 한다.

㊾부터 〈54〉까지 생략

제22조 생략

부칙 〈제19590호, 2023. 8. 8.〉 (문화유산의 보존 및 활용에 관한 법률)

제1조(시행일) 이 법은 2024년 5월 17일부터 시행한다.
제2조 부터 제8조까지 생략

제9조(다른 법률의 개정) ①부터 ㊸까지 생략

㊹ 지방자치법 일부를 다음과 같이 개정한다.

제13조제2항제5호다목 중 "지방문화재"를 "시 · 도지정문화유산 또는 시 · 도자연유산"으로 한다.

㊺부터 〈53〉까지 생략

제10조 생략

부칙 〈제19699호, 2023. 9. 14.〉

이 법은 공포한 날부터 시행한다.

부칙 〈제19951호, 2024. 1. 9.〉 (문화유산의 보존 및 활용에 관한 법률)

제1조(시행일) 이 법은 2024년 5월 17일부터 시행한다.

제2조 생략

제3조(다른 법률의 개정) 법률 제19590호 지방자치법 일부개정법률 일부를 다음과 같이 개정한다.

제13조제2항제5호다목을 다음과 같이 한다.

다. 시 · 도유산의 지정 · 등록 · 보존 및 관리

지방자치법 시행령

[시행 2025. 9. 9.] [대통령령 제35736호, 2025. 9. 9., 일부개정]

제1장 총칙

제1조(목적)

제2조(관할 구역의 변경 등으로 인한 지방자치단체 등의 사무 인계)

제3조(관계 지방의회)

제4조(지방자치단체의 관할 구역 경계변경 조정 신청 등)

제5조(경계변경자율협의체의 구성)

제6조(경계변경협의체의 운영)

제7조(협의 기간의 연장 사유)

제8조(사무소의 소재지)

제9조(시ㆍ읍의 설치기준)

제10조(지방자치단체의 종류별 사무)

제11조(자치분권 사전협의)

제12조(청구인의 대표자 증명 등)

제13조(서명 요청절차)

제14조(전자서명 요청절차)

제15조(청구인명부의 작성과 서명의 취소)

제16조(청구인명부의 제출)

제17조(청구인명부의 열람 및 이의신청 등)

제18조(청구요건 심사)

제19조(행정안전부장관에 대한 감사 청구)

제20조(감사 결과의 공표)

제21조(감사절차 등)

제22조(부처 간 협조)

제23조(공표 방법 등)

제24조(보고 등)

제25조(감사청구심의회)

제26조(위원의 해촉)

제27조(고유식별정보의 처리)

제2장 조례와 규칙
제28조(조례 · 규칙심의회)
제29조(조례와 규칙의 공포절차)
제30조(공고와 고시의 방법)
제31조(공포일)
제32조(운영 규정)
제3장 지방의회
제33조(의정활동비 · 월정수당 및 여비의 지급기준 등)
제34조(의정비심의회의 구성)
제35조(의정비심의회의 운영 등)
제36조(정책지원 전문인력의 직무 등)
제37조(지방의회의원의 직무상 상해 등에 대한 보상금의 지급 기준 및 절차)
제38조(중요 재산, 공공시설의 취득 · 설치 및 처분의 범위 등)
제39조(교류협력의 범위)
제40조(서류제출 요구 방법 등)
제41조(행정사무 감사 또는 조사의 실시)
제42조(행정사무 감사 또는 조사위원회 등의 구성)
제43조(행정사무 감사 또는 조사 계획서)
제44조(행정사무 감사 또는 조사의 대상 기관)
제45조(국가사무와 시 · 도의 사무에 대한 감사의 방법 등)
제46조(행정사무 감사 또는 조사의 방법 등)
제47조(증인의 보호 및 실비 보상)
제48조(행정사무 감사 또는 조사의 한계)
제49조(제척과 회피)
제50조(주의 의무)
제51조(공개 원칙)
제52조(행정사무 감사 또는 조사 결과의 보고)
제53조(운영 규정)
제54조(대리 출석 · 답변의 통보)
제55조(불신임 의결의 통보 등)
제56조(지방의회의 회의록 작성 및 보고)
제57조(소개의견서의 첨부)
제58조(청원서의 보완 요구)
제59조(운영 규정)
제60조(의원의 사직)

제61조(의원의 자격심사)
제4장 집행기관
제62조(지방자치단체의 장의 선서)
제63조(지방자치단체의 장의 사임 통지 및 보고)
제64조(사무인계)
제65조(사무인계의 방법)
제66조(사무인계 시의 참관)
제67조(사무인계서류의 생략)
제68조(운영 규정)
제69조(지방의회의 재의 및 절차)
제70조(선결처분)
제71조(부시장 · 부지사 등의 수와 직급 등)
제72조(권한대행 및 직무대리)
제73조(직속기관의 설치)
제74조(대학 및 전문대학 등의 설치)
제75조(사업소의 설치)
제76조(출장소의 설치)
제77조(합의제행정기관의 설치)
제78조(자문기관의 설치요건)
제79조(자문기관의 구성)
제80조(자문기관의 존속기한)
제81조(이장 및 통장의 임명)
제5장 재무
제82조(결산 승인)
제83조(검사위원의 선임)
제84조(결산 검사 사항)
제6장 지방자치단체 상호 간의 관계
제85조(분쟁조정 신청 및 직권조정 절차)
제86조(이행계획의 보고)
제87조(중앙분쟁조정위원회 위원장의 직무 및 회의 등)
제88조(중앙분쟁조정위원회의 당연직 위원)
제89조(위원의 해촉)
제90조(간사)
제91조(중앙분쟁조정위원회의 소위원회 등)
제92조(공무원의 파견 요청 등)
제93조(수당 등)

제94조(운영 세칙)
제95조(지방분쟁조정위원회의 구성 및 운영)
제96조(행정협의회의 구성 기준)
제97조(행정협의회 사무소의 위치)
제98조(행정협의회 구성 보고)
제99조(회장)
제100조(회의)
제101조(자문위원)
제102조(운영 규정)
제103조(전국적 협의체 등의 설립 신고)
제7장 국가와 지방자치단체 간의 관계
제104조(지방자치단체의 사무에 대한 지원 및 보고 청취)
제105조(행정협의조정위원회 위원의 임기)
제106조(행정협의조정위원회의 기능과 협의조정 절차)
제107조(회의)
제108조(실무위원회)
제109조(간사)
제110조(관계 기관에 대한 협조 요청)
제111조(행정협의조정위원회 위원의 해촉 및 운영)
제112조(명령 · 처분의 취소 · 정지 등의 보고)
제113조(직무이행명령 등의 통보 및 보고)
제114조(지방의회 의결의 재의 및 제소 등의 보고)
제115조(주무부장관의 통보)
제116조(판결 등의 공시)
제8장 대도시 등의 행정특례
제117조(자치구의 재원 조정)
제118조(인구 50만 이상 대도시와 특례시의 인구 인정기준)
제119조(특례를 둘 수 있는 시 · 군 · 구의 지정기준)
제120조(특례를 둘 수 있는 시 · 군 · 구의 지정절차)
제121조(특례협의회의 구성 · 운영)
제122조(지방자치단체 특례심의위원회의 구성 · 운영)
제123조(특례심의위원회의 회의 등)
제124조(특례심의위원회 실무위원회의 구성)
제125조(인구 50만 이상 대도시와 특례시의 공고)
제126조(특별지방자치단체 의회의 중요 의결사항)
제127조(사무처리상황의 통지)

**개정 예정 법률 밑줄 별도 표시.

지방자치법 시행령

[시행 2025. 9. 9.] [대통령령 제35736호, 2025. 9. 9., 일부개정]

제1장 총칙

제1조(목적) 이 영은 「지방자치법」에서 위임된 사항과 그 시행에 필요한 사항을 규정함을 목적으로 한다.

제2조(관할 구역의 변경 등으로 인한 지방자치단체 등의 사무 인계) 「지방자치법」(이하 "법"이라 한다) 제5조제1항 및 제7조제1항ㆍ제2항에 따라 지방자치단체, 자치구가 아닌 구와 읍ㆍ면ㆍ동ㆍ리의 구역을 변경하거나 폐지하거나 설치하거나 나누거나 합치는 데에 따른 사무의 인계에 관하여는 제64조부터 제68조까지의 규정을 준용한다.

제3조(관계 지방의회) 법 제5조제3항 각 호 외의 부분 본문에 따른 관계 지방의회는 해당 지방자치단체의 의회와 그 상급 지방자치단체의 의회로 한다.

제4조(지방자치단체의 관할 구역 경계변경 조정 신청 등) ① 법 제6조제1항 전단에서 "관할 구역과 생활권과의 불일치 등으로 인하여 주민생활에 불편이 큰 경우 등 대통령령으로 정하는 사유가 있는 경우"란 다음 각 호의 어느 하나에 해당하는 경우를 말한다.

1. 하나의 건축물, 주택단지나 이에 부속된 시설(부속용지, 연접도로 등을 포함한다. 이하 이 조에서 같다), 필지 등이 둘 이상의 지방자치단체로 분리되어 주민 불편이 발생하는 경우

2. 둘 이상의 지방자치단체에 걸친 개발사업 등으로 하나의 건축물, 주택단지나 이에 부속된 시설, 필지 등이 둘 이상의 지방자치단체로 분리될 예정으로 주민 불편이 예상되는 경우

3. 지방자치단체의 일부가 도로, 하천 등으로 나머지 지역과 현저히 분리되어 있고 다른 지방자치단체와 밀접해 있어 주민 불편이 발생하는 경우

4. 관계 지방자치단체가 관할 구역과 주민 생활권의 불일치를 해소하기 위하여 경계변경에 합의한 경우

② 관계 중앙행정기관의 장이나 둘 이상의 지방자치단체에 걸친 개발사업 등의 시행자가 법 제6조제2항에 따라 경계변경에 대한 조정 신청을 요구하려는 경우에는 착공 전에 행정안전부령으로 정하는 신청요구서에 행정구역 변경조서 및 변경도 등을 첨부하여 관계 지방자치단체의 장에게 제출해야 한다.

③ 제2항에 따라 조정 신청 요구를 받은 관계 지방자치단체의 장은 30일 이내에 행정안전부장관에게 조정 신청을 할 것인지를 검토하고, 그 결과를 요구한 자에게 통보해야 한다. 이 경우 관계 지방자치단체의 장은 30일의 범위에서 한 차례 그 기간을 연장할 수 있다.

④ 제2항에 따라 조정 신청 요구를 받은 관계 지방자치단체의 장은 조정 신청 요구에 대하여 보완이 필요하다고 인정할 때에는 적절한 기간을 정하여 그 보완을 요구할 수 있다. 이 경우 보완에 걸린 기간은 제3항에 따른 기간에 산입하지 않는다.

제5조(경계변경자율협의체의 구성) ① 관계 지방자치단체의 장은 법 제6조제4항에 따른 경계변경자율협의체(이하 이 조, 제6조 및 제7조에서 "경계변경협의체"라 한다)의 구성·운영 요청을 받으면 지체 없이 경계변경자율협의체를 구성하고, 그 사실을 행정안전부장관에게 서면으로 통보해야 한다.

② 경계변경협의체는 관계 지방자치단체가 협의하여 구성하며, 위원장을 포함하여 30명 이내의 위원으로 구성한다.

③ 경계변경협의체의 위원은 다음 각 호에 해당하는 사람 중에서 관계 지방자치단체의 장이 임명하거나 위촉하되, 제5호 및 제6호에 해당하는 위원의 수가 전체 위원 수의 2분의 1 이상이어야 한다.

1. 관계 특별자치시·특별자치도·시·군 및 자치구 소속 공무원
2. 관계 특별자치시·특별자치도·시·군 및 자치구 의회의원
3. 관계 시·군 및 자치구를 관할하는 특별시, 광역시, 도 소속 공무원
4. 관계 시·군 및 자치구를 관할하는 특별시, 광역시, 도 의회의원
5. 법 제6조제1항 전단에 따른 경계변경이 필요한 지역의 주민
6. 경계변경에 관한 전문지식과 경험이 풍부한 사람

④ 경계변경협의체의 위원장은 위원 중에서 호선(互選)한다.

⑤ 경계변경협의체 위원의 임기는 경계변경협의체의 운영기간으로 한다.

제6조(경계변경협의체의 운영) ① 경계변경협의체는 다음 각 호의 사항을 협의한다.

1. 경계변경의 여부 및 대상
2. 경계변경의 일정 및 절차
3. 그 밖에 경계변경에 필요한 사항

② 경계변경협의체는 경계변경 대상지역의 주민을 대상으로 설문조사를 실시하거나 공청회를 개최할 수 있다.

③ 경계변경협의체는 관계 지방자치단체의 장에게 협의를 위하여 필요한 자료의 제출, 실태조사 등을 요청할 수 있다.

④ 경계변경협의체는 제1항 각 호의 사항에 대하여 협의 기간 이

내에 협의 결과를 작성하여 경계변경협의체를 구성한 지방자치단체의 장에게 통보해야 한다.

⑤ 제1항부터 제4항까지에서 규정한 사항 외에 경계변경협의체의 운영에 필요한 사항은 경계변경협의체의 협의를 거쳐 위원장이 정한다.

제7조(협의 기간의 연장 사유) ① 법 제6조제5항 단서에서 “대통령령으로 정하는 부득이한 사유가 있는 경우”란 다음 각 호의 어느 하나에 해당하는 경우로서 관계 지방자치단체가 협의 기간의 연장에 합의한 경우를 말한다.

1. 천재지변 또는 재난 등으로 경계변경자율협의체의 운영이 어려운 경우

2. 경계변경 여부에 대한 충분한 의견수렴, 자료수집과 실태조사를 실시하기 위하여 법 제6조제5항 본문에 따른 기간 내에 협의를 완료하기 어려운 경우

② 경계변경협의체를 구성한 지방자치단체의 장은 제1항에 따라 협의 기간을 연장한 경우에는 그 사실을 행정안전부장관에게 통보해야 한다.

제8조(사무소의 소재지) 법 제9조에 따른 지방자치단체의 사무소 소재지는 주사무소를 기준으로 다음 각 호의 구분에 따른 단위로 결정한다.

1. 특별시 · 광역시 및 도: 시 · 군 및 자치구

2. 특별자치도: 「제주특별자치도 설치 및 국제자유도시 조성을 위한 특별법」 제10조제2항에 따른 행정시

3. 특별자치시, 시 · 군 및 자치구: 읍 · 면 · 동

제9조(시 · 읍의 설치기준) ① 법 제10조제1항에 따른 시는 다음 각 호의 요건을 갖추어야 한다.

1. 해당 지역의 시가지를 구성하는 지역 안에 거주하는 인구의 비율이 전체 인구의 60퍼센트 이상일 것

2. 해당 지역의 상업, 공업과 그 밖의 도시적 산업에 종사하는 가구의 비율이 전체 가구의 60퍼센트 이상일 것

3. 1명당 지방세 납세액, 인구밀도 및 인구증가 경향이 행정안전부령으로 정하는 기준 이상일 것

② 법 제10조제2항제2호 및 제3호에 따른 도농 복합형태의 시는 다음 각 호의 요건을 갖추어야 한다.

1. 해당 지역의 상업, 공업과 그 밖의 도시적 산업에 종사하는 가구의 비율이 군 전체 가구의 45퍼센트 이상일 것

2. 다음의 식으로 계산한 해당 군의 재정자립도가 전국 군 재정자립도의 평균치 이상일 것

{(지방세 + 세외수입 - 지방채) ÷ 일반회계예산} × 100

③ 법 제10조제3항 각 호 외의 부분 본문에 따른 읍은 다음 각 호의 요건을 갖추어야 한다.

1. 해당 지역의 시가지를 구성하는 지역 안에 거주하는 인구의 비율이 전체 인구의 40퍼센트 이상일 것

2. 해당 지역의 상업, 공업과 그 밖의 도시적 산업에 종사하는 가구의 비율이 전체 가구의 40퍼센트 이상일 것

제10조(지방자치단체의 종류별 사무) ① 법 제14조제1항의 배분기준에 따른 지방자치단체의 종류별 사무는 별표 1과 같다. 다만, 법령에 이와 다른 규정이 있는 경우에는 그에 따른다.

② 법 제2조제2항에 따라 시·군과 다르게 자치구에서 처리하지 않고 특별시·광역시에서 처리하는 사무는 별표 2와 같다. 다만, 법령에 이와 다른 규정이 있는 경우에는 그에 따른다.

③ 법 제14조제1항제2호 단서에 따라 인구 50만 이상의 시가 직

접 처리할 수 있는 도의 사무는 별표 3과 같다. 다만, 법령에 이와 다른 규정이 있는 경우에는 그에 따른다.

④ 법 제198조제2항제1호에 따른 인구 100만 이상 대도시가 직접 처리할 수 있는 도의 사무는 별표 4와 같다. 다만, 법령에 이와 다른 규정이 있는 경우에는 그에 따른다.

제11조(자치분권 사전협의) ① 중앙행정기관의 장은 다음 각 호의 어느 하나에 해당하는 사항과 관련하여 소관 법령을 제정하거나 개정하려는 경우에는 사전에 행정안전부장관과 협의해야 한다.

1. 지방자치단체의 행정ㆍ재정 등에 영향을 미치는 사무의 신설ㆍ변경ㆍ폐지에 관한 사항

2. 지방자치단체나 그 장에 대한 사무의 위임에 관한 사항

3. 지방자치단체가 수행하는 사무에 대한 지도ㆍ감독에 관한 사항

② 중앙행정기관의 장은 제1항에 따른 협의가 필요한 경우 해당 법령안에 대한 협의요청서를 작성하여 행정안전부장관에게 제출해야 한다.

③ 제2항에 따른 협의요청서를 받은 행정안전부장관은 해당 법령안이 법에 따른 사무배분의 기본원칙 및 기준과 사무처리의 기본원칙에 적합한지를 검토하고, 그 검토의견을 해당 중앙행정기관의 장에게 통보해야 한다. 〈개정 2023. 7. 7.〉

④ 제3항에 따른 검토의견을 통보받은 중앙행정기관의 장은 해당 법령안에 검토의견을 반영하도록 노력해야 하며, 반영하기 곤란한 경우에는 그 사유를 행정안전부장관에게 통보해야 한다.

⑤ 행정안전부장관은 제1항에 따른 협의를 위하여 필요한 세부 검토 기준 및 방법 등을 정하여 중앙행정기관의 장에게 통보할 수 있다.

⑥ 행정안전부장관은 제5항의 세부 검토 기준 및 방법 등을 정하거

나 변경하는 경우에는 관계 중앙행정기관 장의 의견을 들어야 한다.

⑦ 행정안전부장관은 제3항에 따른 검토를 위하여 필요한 경우에는 지방자치단체의 장이나 법 제182조제1항에 따른 지방자치단체의 장 등의 협의체의 의견을 들을 수 있으며, 전문가에게 자문하거나 조사 · 연구를 의뢰할 수 있다.

제11조(자치분권 사전협의) ① 중앙행정기관의 장은 법 제15조의2에 따른 협의가 필요한 경우 해당 법령안에 대한 협의요청서를 작성하여 행정안전부장관에게 제출해야 한다.

② 제1항에 따른 협의요청서를 받은 행정안전부장관은 해당 법령안이 법에 따른 사무배분의 기본원칙 및 기준과 사무처리의 기본원칙에 적합한지를 검토하고, 그 검토의견을 해당 중앙행정기관의 장에게 통보해야 한다.

③ 제2항에 따른 검토의견을 통보받은 중앙행정기관의 장은 해당 법령안에 검토의견을 반영하도록 노력해야 하며, 반영하기 곤란한 경우에는 그 사유를 행정안전부장관에게 통보해야 한다.

④ 행정안전부장관은 법 제15조의2에 따른 협의를 위하여 필요한 세부 검토 기준 및 방법 등을 정하여 중앙행정기관의 장에게 통보할 수 있다.

⑤ 행정안전부장관은 제4항의 세부 검토 기준 및 방법 등을 정하거나 변경하는 경우에는 관계 중앙행정기관 장의 의견을 들어야 한다.

⑥ 행정안전부장관은 제2항에 따른 검토를 위하여 필요한 경우에는 지방자치단체의 장이나 법 제182조제1항에 따른 지방자치단체의 장 등의 협의체의 의견을 들을 수 있으며, 전문가에게 자문하거나 조사 · 연구를 의뢰할 수 있다.

[전문개정 2025. 9. 9.]

[시행일: 2025. 10. 2.] 제11조

제12조(청구인의 대표자 증명 등) ① 법 제21조제1항에 따라 감사를 청구하려는 청구인의 대표자(이하 "주민감사청구대표자"라 한다)는 행정안전부령으로 정하는 주민감사청구서와 주민감사청구대표자 증명 발급 신청서를 주무부장관이나 특별시장·광역시장·특별자치시장·도지사 및 특별자치도지사(이하 "시·도지사"라 한다)에게 제출해야 한다.

② 제1항에 따른 신청을 받은 주무부장관이나 시·도지사는 주민감사청구대표자가 법 제21조제1항에 따른 18세 이상의 주민에 해당하는지 확인한 후 행정안전부령으로 정하는 주민감사청구대표자 증명서를 발급해야 한다.

제13조(서명 요청절차) ① 주민감사청구대표자는 18세 이상의 주민에게 제15조제1항에 따른 청구인명부에 서명할 것을 요청할 수 있다.

② 주민감사청구대표자가 서명을 요청할 때에는 주민감사청구서나 그 사본과 주민감사청구대표자 증명서나 그 사본을 첨부해야 한다.

③ 주민감사청구대표자는 제1항에 따른 서명요청권을 18세 이상의 주민에게 위임할 수 있다.

④ 주민감사청구대표자는 서명요청권을 위임하려는 경우에는 행정안전부령으로 정하는 서명요청권 위임신고서를 작성하여 주무부장관이나 시·도지사에게 신고해야 한다.

⑤ 주무부장관이나 시·도지사는 즉시 행정안전부령으로 정하는 서명요청권 위임신고증을 발급해야 한다.

⑥ 제3항에 따라 서명요청권을 위임받은 수임인이 서명을 요청할 때에는 주민감사청구서나 그 사본, 주민감사청구대표자 증명서나 그 사본과 서명요청권 위임신고증을 첨부해야 한다.

⑦ 제1항 및 제4항에 따른 서명 요청은 제12조제2항에 따른 주민감사청구대표자 증명서 발급일부터 특별시·광역시·특별자치시·

도 및 특별자치도(이하 "시 · 도"라 한다)의 경우 6개월 이내, 시 · 군 · 자치구의 경우 3개월 이내에 이루어져야 한다. 이 경우 서명 요청 기간의 계산과 서명 요청 기간의 제한에 관하여는 「주민조례발안에 관한 법률」 제8조제1항 후단 및 제2항을 따른다.

제14조(전자서명 요청절차) ① 주민감사청구대표자는 18세 이상의 주민에게 제13조제1항에 따른 서명을 갈음하여 행정안전부장관이 정하는 정보시스템을 이용한 「전자서명법」 제2조제2호에 따른 전자서명을 요청할 수 있다.

② 제1항에 따른 정보시스템을 이용한 전자서명을 요청하려는 주민감사청구대표자는 주무부장관이나 시 · 도지사에게 해당 정보시스템의 이용을 신청해야 한다.

③ 제2항에 따른 신청을 받은 주무부장관이나 시 · 도지사는 제4항 각 호의 사항이 포함된 제12조제2항에 따른 주민감사청구대표자 증명서를 발급해야 하며, 제1항에 따른 정보시스템에 주민감사청구서와 주민감사청구대표자 증명서를 게시해야 한다.

④ 주민감사청구대표자나 제13조제3항에 따른 수임인은 다음 각 호의 사항을 주민에게 알릴 수 있다.

1. 제1항에 따른 전자서명을 할 수 있는 정보시스템의 인터넷 주소

2. 제1항에 따른 전자서명을 하는 방법(제15조제3항에 따른 전자서명 취소방법을 포함한다).

⑤ 제1항에 따른 전자서명의 요청에 관하여는 제13조제7항을 준용한다.

제15조(청구인명부의 작성과 서명의 취소) ① 청구인명부에 서명하려는 18세 이상의 주민은 행정안전부령으로 정하는 청구인명부에 다음 각 호의 사항을 적고 서명하거나 도장을 찍어야 한다. 다만,

제14조제1항에 따라 전자서명을 하는 경우에는 전자문서로 생성된 청구인명부에 따른 다음 각 호의 사항을 적은 것으로 본다.

1. 성명
2. 생년월일
3. 주소 · 거소 또는 체류지
4. 서명 연월일

② 청구인명부에 서명을 한 사람이 그 서명을 취소하려면 제16조제1항에 따라 주민감사청구대표자가 주무부장관이나 시 · 도지사에게 청구인명부를 제출하기 전에 취소해야 한다.

③ 주민감사청구대표자는 제2항에 따라 청구인명부에 서명을 한 사람이 그 서명을 취소하는 경우 즉시 청구인명부에서 그 서명을 삭제해야 한다.

④ 청구인명부에 전자서명을 한 사람이 그 전자서명을 취소하려는 경우에는 제16조제1항 단서에 따라 주민감사청구대표자가 주무부장관이나 시 · 도지사에게 청구인명부 활용을 요청하기 전에 해당 정보시스템을 통하여 직접 취소해야 한다.

제16조(청구인명부의 제출) ① 주민감사청구대표자는 청구인명부에 서명한 주민의 수가 법 제21조제1항에 따라 지방자치단체의 조례로 정하는 수 이상이 되면 제13조제7항에 따른 서명 요청 기간이 지난 날부터 시 · 도의 경우 10일 이내에 주무부장관에게, 시 · 군 · 자치구의 경우 5일 이내에 시 · 도지사에게 청구인명부를 제출해야 한다. 다만, 제14조제1항에 따른 전자서명의 경우에는 주민감사청구대표자가 주무부장관이나 시 · 도지사에게 정보시스템에 생성된 청구인명부를 직접 활용하도록 요청해야 한다.

② 제1항에 따라 청구인명부가 제출되면 주무부장관이나 시 · 도지사는 주민감사청구대표자의 성명 · 주소, 청구 취지 및 이유, 연서

(連署) 주민 수, 청구인명부 열람기간·장소와 이의신청 방법 등을 공표해야 한다.

제17조(청구인명부의 열람 및 이의신청 등) ① 주무부장관이나 시·도지사는 법 제21조제5항에 따라 청구인명부나 사본을 공개된 장소에 갖추어 두는 경우에는 청구인명부나 사본을 다음 각 호의 구분에 따라 갖추어 두어야 한다.

1. 주무부장관: 해당 부처, 시·도 및 시·군·자치구별
2. 시·도지사: 해당 시·도, 시·군·자치구 및 읍·면·동별

② 법 제21조제6항에 따른 이의신청은 행정안전부령으로 정하는 서식에 따른다.

③ 주무부장관이나 시·도지사는 청구인명부에 적힌 서명이 정당한 서명자가 아니거나 누구의 서명인지를 확인하기 어려운 경우에는 제25조제1항에 따른 감사청구심의회의 심의를 거쳐 그 서명을 무효로 결정하고, 청구인명부를 수정한 후 그 사실을 즉시 대표자에게 통보해야 한다.

④ 주무부장관이나 시·도지사는 법 제21조제7항에 따라 이의신청에 대한 심사·결정을 하려는 경우에는 제25조제1항에 따른 감사청구심의회의 심의를 거쳐야 한다.

⑤ 주무부장관이나 시·도지사는 제3항 및 제4항에 따른 심사·결정 결과 청구인명부에 서명한 주민 수가 법 제21조제1항에 따른 해당 지방자치단체의 조례로 정하는 수에 미치지 못할 때에는 주민감사청구대표자로 하여금 시·도의 경우 5일 이내에, 시·군·자치구의 경우 3일 이내에 보정하게 할 수 있다.

⑥ 주무부장관이나 시·도지사는 제5항에 따라 보정된 청구인명부가 제출되면 열람 기간·장소와 이의신청 방법 등을 공표해야 한다.

⑦ 제5항에 따라 보정된 청구인명부의 열람과 이의신청 등의 절

차에 관하여는 제1항부터 제4항까지의 규정을 준용한다.

제18조(청구요건 심사) ① 주무부장관이나 시·도지사는 법 제21조제8항에 따라 청구를 수리하거나 각하하려는 경우에는 제25조제1항에 따른 감사청구심의회의 심의를 거쳐야 한다.

② 법 제21조제11항에 따른 주민감사청구대표자의 의견 제출 절차는 「행정절차법」 제27조에 따른다.

제19조(행정안전부장관에 대한 감사 청구) ① 법 제21조제1항에 따라 감사를 청구하려는 사람은 감사 청구의 내용이 둘 이상의 부처와 관련되거나 주무부장관이 불분명한 경우에는 행정안전부장관에게 감사를 청구할 수 있다.

② 제1항에 따른 감사 청구를 받은 행정안전부장관은 관계 부처와 협의를 거쳐 그 청구를 처리할 주무부장관을 지정하고, 그 주무부장관에게 관계 부처 간 협의를 통하여 주민 감사 청구를 일괄 처리하도록 요청할 수 있다.

제20조(감사 결과의 공표) 주무부장관이나 시·도지사는 법 제21조제9항에 따라 감사가 끝나면 그 끝난 날부터 10일 이내에 감사 실시 개요와 청구 대상 사무 처리의 적법 여부에 대한 감사 결과를 공표해야 한다.

제21조(감사절차 등) 주무부장관이나 시·도지사는 해당 지방자치단체의 장에게 법 제21조제9항에 따라 감사를 실시하거나 같은 조 제12항에 따라 필요한 조치를 요구하려는 경우에는 「지방자치단체에 대한 행정감사규정」에서 정하는 바에 따라야 한다.

제22조(부처 간 협조) ① 주무부장관이나 시·도지사는 주민 감사 청구를 처리할 때에 필요하면 관계 부처의 장이나 지방자치단체의 장에게 자료의 제출이나 관계 공무원의 지원 등 협조를 요청할 수 있다.

② 주무부장관이나 시·도지사는 다른 기관에서 이미 감사한 사항이나 감사 중인 사항에 대하여 감사가 청구된 경우에는 법 제21조제10항에 따라 청구인의 주민감사청구대표자에게 감사 결과나 감사 중인 사실을 알리기 위하여 그 감사기관에 감사 진행 여부를 확인하거나 그 감사 결과에 관련된 자료의 제출 등 필요한 협조를 요청할 수 있다.

③ 제1항 및 제2항에 따른 협조 요청을 받은 해당 기관의 장은 정당한 사유가 없으면 협조해야 한다.

제23조(공표 방법 등) 법 제21조제13항과 이 영 제16조제2항 및 제17조제6항·제20조에 따른 관련 사항의 공표는 다음 각 호의 어느 하나에 해당하는 매체에 게시하거나 게재하는 방법으로 한다. 〈개정 2025. 9. 9.〉

1. 관보 또는 지방자치단체의 공보

2. 공표를 주관하는 중앙행정기관이나 지방자치단체의 게시판 또는 홈페이지

3. 일간신문

제24조(보고 등) 주무부장관이나 시·도지사는 다음 각 호의 어느 하나에 해당하는 경우에는 행정안전부장관에게 그 사실을 통보하거나 보고해야 한다.

1. 법 제21조제12항에 따라 해당 지방자치단체의 장에게 감사 결과에 따라 필요한 조치를 요구하고 그 조치 결과를 보고 받은 경우

2. 법 제21조제13항과 이 영 제16조제2항 및 제17조제6항·제20조에 따른 공표를 한 경우

제25조(감사청구심의회) ① 주무부장관이나 시·도지사는 다음 각 호의 사항을 심의·의결하기 위하여 필요한 경우 감사청구심의회(이하 이 조에서 "감사청구심의회"라 한다)를 구성·운영할 수 있다.

〈개정 2022. 10. 4.〉

1. 주민 감사 청구 요건의 심사

2. 청구인명부에 적힌 유효 서명의 확인

3. 청구인명부의 서명에 관한 이의신청의 심사 · 결정

4. 그 밖에 주무부장관이나 시 · 도지사가 주민 감사 청구와 관련하여 감사청구심의회의 회의에 부치는 사항

② 감사청구심의회는 위원장과 부위원장 각 1명을 포함하여 9명 이상 13명 이내의 위원으로 구성하되, 제3항제2호에 따라 위촉되는 위원이 전체 위원의 2분의 1 이상이어야 한다. 〈개정 2022. 10. 4.〉

③ 감사청구심의회의 위원장(이하 이 조에서 “위원장”이라 한다)과 부위원장은 위원 중에서 호선하고, 위원은 다음 각 호의 사람으로 한다. 〈개정 2022. 10. 4.〉

1. 주무부장관이나 시 · 도지사가 소속 공무원 중에서 지명하는 사람

2. 다음 각 목의 어느 하나에 해당하는 사람 중에서 주무부장관이나 시 · 도지사가 위촉하는 사람

가. 법관 · 검사나 변호사 자격이 있는 사람

나. 공인회계사 · 기술사 · 건축사 또는 세무사 자격이 있는 사람

다. 시민단체(「비영리민간단체 지원법」에 따른 비영리민간단체를 말한다)에서 추천한 사람

라. 대학에서 법학 · 회계학 · 토목공학 또는 건축공학 학과의 부교수 이상으로 재직 중인 사람

마. 그 밖에 감사 업무에 관한 학식과 경험이 풍부한 사람

④ 제3항제2호에 따라 위촉하는 위원의 임기는 2년으로 한다. 다만, 제7항에 따라 감사청구심의회가 해산되는 경우에는 그 해산되는 때에 임기가 만료되는 것으로 한다. 〈개정 2022. 10. 4.〉

⑤ 감사청구심의회의 회의는 재적위원 과반수의 출석과 출석위원

과반수의 찬성으로 의결한다.

⑥ 위원장은 감사청구심의회의 회의에 부쳐진 안건을 효율적으로 처리하기 위하여 필요하다고 인정되면 관계 공무원과 감사청구인, 그 밖의 이해관계인을 회의에 참석시켜 의견을 진술하게 하거나 필요한 자료의 제출을 요구할 수 있다.

⑦ 주무부장관이나 시·도지사는 감사청구심의회의 구성 목적을 달성하였다고 인정하는 경우에는 감사청구심의회를 해산할 수 있다. 〈신설 2022. 10. 4.〉

⑧ 제1항부터 제7항까지에서 규정한 사항 외에 감사청구심의회의 구성 및 운영 등에 필요한 사항은 감사청구심의회가 주무부장관 소속인 경우에는 주무부장관이 정하고, 시·도지사 소속인 경우에는 해당 시·도의 조례로 정한다. 〈개정 2022. 10. 4.〉

제26조(위원의 해촉) 주무부장관이나 시·도지사는 위촉위원이 다음 각 호의 어느 하나에 해당하는 경우에는 해당 위원을 해촉(解囑)할 수 있다.

1. 심신장애로 직무를 수행할 수 없게 된 경우
2. 직무와 관련된 비위사실이 있는 경우
3. 직무 태만, 품위 손상이나 그 밖의 사유로 위원으로 적합하지 않다고 인정되는 경우
4. 위원 스스로 직무를 수행하기 어렵다고 의사를 밝히는 경우

제27조(고유식별정보의 처리) 지방자치단체는 제12조제2항, 제13조제2항 및 제17조제3항·제6항에 따른 주민감사청구대표자 증명서 발급 사무, 청구인명부의 서명과 정당한 서명자 확인 사무를 수행하기 위하여 불가피한 경우 「개인정보 보호법 시행령」 제19조제1호 또는 제4호에 따른 주민등록번호 또는 외국인등록번호가 포함된 자료를 처리할 수 있다.

제2장 조례와 규칙

제28조(조례·규칙심의회) ① 지방자치단체의 장이 조례·규칙의 제출·제정·개정·폐지 및 공포 등을 하려는 경우에 다음 각 호의 사항을 심의·의결하기 위하여 해당 지방자치단체의 장 소속으로 조례·규칙심의회(이하 이 장에서 "조례·규칙심의회"라 한다)를 둔다.

1. 지방자치단체의 장이 지방의회에 제출하는 조례안
2. 지방의회의 의결을 거친 조례 공포안. 다만, 지방자치단체의 장이 지방의회에 제출하여 원안 의결된 조례 공포안은 제외한다.
3. 지방자치단체의 장이 제정·개정·폐지하려는 규칙안
4. 예산안·결산 등 지방의회에 제출하는 안건 중 지방자치단체의 장이 조례·규칙심의회의 심의·의결이 필요하다고 인정하는 안건

② 조례·규칙심의회의 의장은 지방자치단체의 장으로 하고, 부의장은 지방자치단체의 부지사·부시장(부지사 또는 부시장이 2명 이상인 경우에는 해당 지방자치단체의 장이 지명하는 부지사 또는 부시장으로 한다)·부군수·부구청장으로 하며, 위원은 실장·국장 또는 실장·과장으로 한다.

③ 조례·규칙심의회의 회의는 재적위원 과반수의 찬성으로 의결한다.

④ 이 영에서 규정한 사항 외에 조례·규칙심의회의 운영에 필요한 사항은 지방자치단체의 규칙으로 정한다.

제29조(조례와 규칙의 공포절차) ① 조례와 규칙의 공포문에는 전문(前文)을 붙여야 한다.

② 조례와 규칙의 공포문 전문에는 제정·개정 및 폐지하는 뜻을 적어 지방자치단체의 장이 서명한 후 직인을 찍고 그 일자를 기록한다. 이 경우 조례 공포문 전문에는 지방의회의 의결을 받은 사실을 적어야 한다.

③ 법 제32조제6항 후단에 따라 지방의회의 의장이 공포하는 조례의 공포문 전문에는 지방의회의 의결을 얻은 사실과 같은 후단에 따라 공포한다는 사실을 적고, 지방의회의 의장이 서명한 후 직인을 찍고 그 일자를 기록한다.

제30조(공고와 고시의 방법) ① 지방자치단체나 그 장의 공고 또는 고시는 법 제33조제1항 본문에 따른 방법으로 한다.

② 법 제149조제2항에 따른 지방자치단체의 장의 예산의 고시는 법 제33조제1항 본문과 이 영 제29조제1항 및 제2항에 따른 방법으로 한다.

제31조(공포일) 법 제33조에 따른 조례와 규칙의 공포일과 이 영 제30조에 따른 공고·고시일은 그 조례와 규칙 등을 게재한 공보나 일간신문이 발행된 날이나 게시판에 게시된 날로 한다.

제32조(운영 규정) 법과 이 영에서 규정한 사항 외에 조례와 규칙의 공포 등에 필요한 사항은 해당 지방자치단체의 조례로 정한다.

제3장 지방의회

제33조(의정활동비·월정수당 및 여비의 지급기준 등) ① 법 제40조제2항 본문에서 "대통령령으로 정하는 기준"이란 다음 각 호의 기준을 말한다. 〈개정 2023. 12. 14.〉

1. 법 제40조제1항제1호에 따른 의정활동비: 별표 5에서 정하는 의정활동비 지급범위에서 임기만료로 지방의회의원 선거가 있는 해에 선거를 마친 후 해당 지방자치단체의 재정능력 등을 고려하여 지급할 것

2. 법 제40조제1항제2호에 따른 월정수당: 법 제40조제2항 본문에 따른 의정비심의위원회(이하 "의정비심의회"라 한다)가 구성되는 해의 금액을 기준으로 하며, 임기만료로 지방의회의원 선거가 있는

해에 선거를 마친 후 해당 지방자치단체의 주민 수, 재정능력, 지방공무원 보수인상률, 지방의회의 의정활동 실적을 종합적으로 고려할 것

3. 법 제40조제1항제3호에 따른 여비: 별표 6에서 정하는 여비 지급범위에서 지급할 것

② 제1항에 따른 의정활동비와 월정수당은 해당 지방의회 소속 공무원의 보수 지급일에 지급한다.

제34조(의정비심의회의 구성) ① 의정비심의회는 위원장 1명을 포함하여 10명 이내의 위원으로 구성한다.

② 의정비심의회의 위원은 교육계 · 법조계 · 언론계 · 시민사회단체, 통 · 리의 장이나 지방의회의 의장 등으로부터 추천을 받아 지방자치단체의 장이 성별을 고려하여 위촉한다. 이 경우 지방자치단체의 장은 위원이 다양하게 구성되도록 하되, 지방의회의 의장의 추천을 받아 위촉하는 위원의 수는 전체 위원 수의 2분의 1 미만이어야 한다. 〈개정 2024. 12. 31.〉

③ 위원이 될 수 있는 사람은 의정비심의회가 구성되는 해의 1월 1일을 기준으로 1년 이전부터 계속하여 해당 지방자치단체의 관할 구역에 주민등록이 되어 있는 18세 이상인 사람으로 한다. 다만, 「공직선거법」 제18조에 따라 선거권이 없는 사람, 그 지방자치단체의 소속 공무원 · 의회의원과 그 배우자 · 직계존비속 · 형제자매는 위원이 될 수 없다.

④ 의정비심의회의 위원장은 위원 중에서 호선한다.

⑤ 의정비심의회 위원의 임기는 위원으로 위촉된 날부터 1년으로 한다.

제35조(의정비심의회의 운영 등) ① 의정비심의회는 그 의정비심의회가 구성된 해의 10월 31일까지 다음 해부터 임기만료에 의한 지

방의회의원 선거가 있는 해까지 적용할 법 제40조제1항 각 호에 따른 금액을 결정해야 한다.

② 의정비심의회는 재적위원 3분의 2 이상의 찬성으로 의결한다.

③ 의정비심의회는 제1항에 따라 결정된 금액을 지체 없이 해당 지방자치단체의 장과 지방의회의 의장에게 통보해야 한다.

④ 제3항에 따른 통보를 받은 지방자치단체의 장은 그 통보받은 사항을 지체 없이 의정비심의회의 위원명단 및 회의록과 함께 해당 지방자치단체의 인터넷 홈페이지 등에 게재해야 한다.

⑤ 의정비심의회는 제1항에 따른 금액을 결정하기 위하여 공청회를 실시하거나 객관적이고 공정한 여론조사기관을 통하여 지역주민의 의견을 수렴하고, 그 결과를 반영해야 한다. 다만, 의정비심의회가 지방공무원의 보수가 인상되는 해의 인상률 범위에서 월정수당을 인상하려는 경우에는 공청회 개최나 의견 수렴을 생략할 수 있다.

⑥ 의정비심의회는 지방자치단체의 장이나 지방의회의 의장에게 제1항에 따른 금액의 결정에 필요한 자료의 제출이나 관계자의 설명을 요청할 수 있다.

⑦ 의정비심의회의 회의는 공개해야 한다. 다만, 출석위원 3분의 2 이상이 찬성한 경우에는 공개하지 않을 수 있다.

⑧ 의정비심의회에 참석한 위원에게는 해당 지방자치단체 예산의 범위에서 수당과 여비를 지급할 수 있다.

⑨ 제1항부터 제8항까지에서 규정한 사항 외에 의정비심의회의 구성 및 운영에 필요한 사항은 해당 지방자치단체의 조례로 정한다.

제36조(정책지원 전문인력의 직무 등) ① 법 제41조제1항에 따른 정책지원 전문인력(이하 "정책지원전문인력"이라 한다)은 지방의회의원의 의정자료 수집·조사·연구, 법 제47조부터 제52조까지와 제83조에 관련된 의정활동을 지원한다.

② 정책지원전문인력의 직무범위와 관련된 세부사항은 제1항의 범위에서 조례로 정할 수 있다.

③ 정책지원전문인력의 명칭은 정책지원관으로 한다.

제37조(지방의회의원의 직무상 상해 등에 대한 보상금의 지급 기준 및 절차) ① 법 제42조제2항에 따른 보상금의 지급기준은 다음 각 호의 구분에 따른 범위에서 해당 지방자치단체의 재정능력을 고려하여 정해야 한다. 이 경우 제2호나 제3호에 따른 보상금을 지급받은 의원이 제1호나 제2호에 해당하게 되면 제1호나 제2호에 따른 보상금을 지급하되, 그 금액은 제2호나 제3호에 따라 이미 지급한 금액을 공제한 금액으로 한다.

1. 직무로 인한 사망이나 직무상 상해·질병으로 인한 사망의 경우: 시·도의회의원 의정활동비의 2년분 상당액

2. 직무상 상해로 인한 장애의 경우: 시·도의회의원 의정활동비의 1년분 상당액

3. 그 밖에 직무로 인한 상해의 경우: 치료비 전액. 다만, 제2호에 따른 지급기준을 초과할 수 없다.

② 법 제42조제1항에 따라 지방의회의원이 제1항 각 호의 경우에 해당하는지와 그 보상금액 등을 심의하기 위하여 지방자치단체의 장의 소속으로 지방의회의원 상해 등 보상심의위원회(이하 이 조에서 "보상심의회"라 한다)를 둔다.

③ 보상심의회는 위원장 1명을 포함하여 5명 이내로 구성하며, 위원장은 시·도의 경우 부시장이나 부지사(부지사 또는 부시장이 2명 이상인 경우에는 해당 지방자치단체의 장이 지명하는 부지사 또는 부시장으로 한다)로, 시·군·자치구의 경우 부시장·부군수·부구청장으로 한다.

④ 위원은 다음 각 호의 어느 하나에 해당하는 사람 중에서 지방

자치단체의 장이 임명하거나 위촉한다.

1. 해당 지방의회의원 1명
2. 해당 지방자치단체 소속 공무원 1명
3. 의무직공무원 1명
4. 사회보장에 관한 학식과 경험이 있는 사람 1명

⑤ 법 제42조에 따른 보상금은 보상금을 받을 권리가 있는 사람의 신청을 받아 보상심의회의 심의를 거쳐 지방자치단체의 장이 결정하여 지급한다.

⑥ 보상심의회에 출석한 위원에게는 예산의 범위에서 수당을 지급할 수 있다. 다만, 해당 지방자치단체 소속 공무원인 위원에게는 지급하지 않는다.

⑦ 이 영에서 규정한 사항 외에 보상금의 지급절차 등에 관하여 필요한 사항은 해당 지방자치단체의 조례로 정한다.

제38조(중요 재산, 공공시설의 취득·설치 및 처분의 범위 등) ① 법 제47조제1항제6호에서 "대통령령으로 정하는 중요 재산의 취득·처분"이란 「공유재산 및 물품관리법 시행령」 제7조제1항 각 호의 어느 하나에 해당하는 재산의 취득·처분(같은 조 제3항 각 호의 어느 하나에 해당하는 재산의 취득·처분은 제외한다)을 말한다.

② 법 제47조제1항제7호에서 "대통령령으로 정하는 공공시설의 설치·처분"이란 다음 각 호의 어느 하나에 해당하는 공공시설의 설치·처분을 말한다.

1. 법 제161조에 따른 공공시설을 신설·증설이나 용도폐지·변경
2. 공공시설로서의 성질을 유지할 것을 조건으로 하는 해당 공공시설의 국가나 다른 지방자치단체에의 양여

③ 법 제47조제1항제6호 및 제7호에 모두 해당하는 중요 재산과 공공시설의 경우에는 같은 항 제6호 또는 제7호 중 어느 하나에 따

른 지방의회의 의결이 있으면 같은 항 제6호 및 제7호에 따른 지방의회의 의결이 있은 것으로 본다.

④ 법 제47조제1항제6호 또는 제7호에 해당하는 중요 재산의 취득·처분이나 공공시설의 설치·처분에 관하여 다른 법령에 따라 지방의회의 의결을 받거나 지방의회의 의견을 청취한 경우에는 법 제47조제1항에 따른 의결이 있은 것으로 본다.

제39조(교류협력의 범위) 법 제47조제1항제10호의 교류·협력은 외국 지방자치단체와의 친선결연 체결이나 국제행사의 유치·개최 등으로 한다.

제40조(서류제출 요구 방법 등) ① 법 제48조에 따른 서류제출 요구는 늦어도 그 서류 제출일 3일 전까지 해야 한다.

② 제1항의 요구를 받은 지방자치단체의 장은 법령이나 조례에서 특별히 규정한 경우 외에는 그 요구에 따라야 한다.

제41조(행정사무 감사 또는 조사의 실시) ① 법 제49조에 따른 지방자치단체의 사무에 대한 감사는 그 지방자치단체의 조례에서 정하는 바에 따라 매년 제1차 또는 제2차 정례회의 회기 내에 한다.

② 지방의회는 법 제49조에 따라 해당 지방자치단체의 사무 중 특정 사안에 관한 조사의 발의가 있는 경우에는 그 조사 여부에 관하여 의결한다.

③ 지방의회가 폐회 중이거나 휴회 중인 때에 조사의 발의가 있는 경우에는 지방의회의 집회 또는 재개의 요구가 있는 것으로 본다.

④ 감사 또는 조사는 제43조제4항에 따른 감사 또는 조사 계획서에 따른다.

⑤ 지방의회의원은 감사 또는 조사에 사무보조가 필요한 경우에는 지방의회 사무직원의 보조를 받을 수 있다.

제42조(행정사무 감사 또는 조사위원회 등의 구성) 지방의회는 해당

지방자치단체의 사무를 감사하거나 조사하려는 경우에는 본회의나 소관 상임위원회별로 하도록 하거나 특별위원회를 구성하여 하게 할 수 있다.

제43조(행정사무 감사 또는 조사 계획서) ① 제42조에 따른 소관 상임위원회나 특별위원회(이하 "감사·조사위원회"라 한다)는 다음 각 호의 사항을 적은 감사 또는 조사 계획서(이하 "감사·조사계획서"라 한다)를 작성하여 본회의에 제출하고 그 승인을 받아 감사하거나 조사한다.

1. 감사·조사위원회 편성
2. 감사 또는 조사 일정
3. 감사 또는 조사 요령
4. 조사의 경우에는 그 목적 및 범위
5. 그 밖에 감사 또는 조사에 필요한 사항으로서 조례로 정하는 사항

② 본회의는 감사·조사계획서를 검토한 다음 의결로써 승인하거나 반려한다.

③ 의장은 감사·조사계획서가 본회의에서 승인되면 지체 없이 지방자치단체의 장에게 통보해야 한다.

④ 제42조에 따라 본회의에서 직접 감사하거나 조사하는 경우 지방의회는 제1항제2호부터 제5호까지의 사항을 적은 감사·조사계획서를 작성하여 의결하고, 지체 없이 지방자치단체의 장에게 통보해야 한다.

제44조(행정사무 감사 또는 조사의 대상 기관) ① 감사 또는 조사의 대상 기관은 다음 각 호와 같다.

1. 해당 지방자치단체
2. 법 제126조부터 제129조까지의 규정에 따른 해당 지방자치단

체의 소속 행정기관과 법 제131조 및 제134조에 따른 하부행정기관 및 하부행정기구

3. 법 제135조에 따라 설치된 교육·과학 및 체육에 관한 기관

4. 해당 지방자치단체가 설치한 법 제163조에 따른 지방공기업

5. 법 제117조제2항 및 제3항에 따라 위임·위탁된 사무(지방자치단체에 위임·위탁한 사무는 제외한다)를 처리하는 단체 또는 기관. 이 경우 본회의가 특별히 필요하다고 의결하는 경우로 한정한다.

6. 「지방자치단체 출자·출연 기관의 운영에 관한 법률」 제2조제1항에 따른 출자·출연 기관 중 지방자치단체가 4분의 1 이상 출자하거나 출연한 법인. 다만, 본회의가 특별히 필요하다고 의결하는 경우에는 지방자치단체의 출자 또는 출연에 관련된 업무·회계·재산으로 한정하여 실시한다.

② 지방의회는 제1항에 따른 감사 또는 조사 대상 기관의 사무가 둘 이상의 지방자치단체의 사무에 해당하는 경우에는 그 사무의 감사 또는 조사에 대하여 관계 지방자치단체의 지방의회와 협의해야 한다.

제45조(국가사무와 시·도의 사무에 대한 감사의 방법 등) ① 법 제49조제3항에 따라 국가사무와 시·도의 사무에 대하여 시·도의회와 시·군 및 자치구의회가 하는 감사에 관하여는 제41조부터 제44조까지 및 제46조부터 제53조까지의 규정을 준용한다.

② 법 제49조제3항 후단에 따라 국회나 시·도의회가 감사를 한 지방의회에 필요한 자료를 요구하면 지방의회는 그에 따라야 한다.

제46조(행정사무 감사 또는 조사의 방법 등) ① 법 제49조제4항에 따른 현지확인, 서류제출의 요구, 지방자치단체의 장 또는 관계 공무원이나 그 사무에 관계되는 사람의 출석·증언 또는 의견진술의

요구는 늦어도 그 현지확인일, 서류제출 요구일, 출석·증언이나 의견진술 요구일의 3일 전까지 지방의회의 의장을 통하여 해야 한다.

② 제1항의 요구를 받은 사람은 법령이나 조례에서 특별히 규정한 경우 외에는 그 요구에 따라야 하며 행정사무 감사 또는 조사에 협조해야 한다.

③ 지방자치단체의 장, 관계 공무원이나 그 사무에 관계되는 사람이 제1항에 따른 요구에 따를 수 없는 정당한 이유가 있는 경우에는 출석·증언이나 의견진술 요구일의 1일 전까지 지방의회의 의장에게 그 사유서를 제출해야 한다.

④ 지방의회의 의장은 법 제49조제5항을 위반한 사람과 그 내용을 지방자치단체의 장에게 통보해야 한다.

⑤ 법 제49조제5항에 따른 과태료의 부과기준은 지방자치단체의 조례로 정한다.

⑥ 지방의회의 의장 또는 위원장은 증인에게 증언을 요구할 때에는 선서하게 해야 한다.

⑦ 증언을 요구한 의장 또는 위원장은 선서하기 전에 선서의 취지를 분명히 밝히고, 위증을 하면 고발될 수 있음을 알려주어야 한다.

⑧ 증인 선서의 내용과 방식에 관하여는 「국회에서의 증언·감정 등에 관한 법률」 제8조에 따른다.

제47조(증인의 보호 및 실비 보상) ① 지방의회에서 증언·진술하는 증인·참고인이 방송·보도 등에 응하지 않는다는 의사를 밝히거나 특별한 이유로 회의의 비공개를 요구하는 경우에는 본회의나 감사·조사위원회의 의결로 방송·보도를 금지하거나 회의의 일부 또는 전부를 공개하지 않을 수 있다.

② 지방의회는 지방의회에서 증인·참고인으로서 증언·진술한 사람이 그 사본을 요구하는 경우에는 의장의 승인을 받아 사본을 내

줄 수 있다.

③ 법 제49조제4항에 따라 서류의 제출이나 증언·진술을 하기 위하여 지방의회나 그 밖의 장소에 출석한 사람에게는 해당 지방자치단체의 조례에서 정하는 바에 따라 여비 등 실비(實費)를 지급한다.

제48조(행정사무 감사 또는 조사의 한계) 감사 또는 조사는 개인의 사생활을 침해하거나 계속 중인 재판이나 수사 중인 사건의 소추에 관여할 목적으로 행사되어서는 안 된다.

제49조(제척과 회피) ① 지방의회의원은 직접 이해관계가 있거나 공정한 감사 또는 조사를 수행하기 현저히 어려운 사정이 있는 경우에는 해당 감사 또는 조사에 참여할 수 없다.

② 본회의나 감사·조사위원회는 지방의회의원에게 제1항에 해당하는 사정이 있다고 인정하는 경우에는 본회의나 감사·조사위원회의 의결로 해당 의원의 감사 또는 조사를 중지시키고 다른 지방의회의원으로 하여금 감사하거나 조사하게 해야 한다.

③ 제2항의 조치에 대하여 해당 지방의회의원의 이의가 있는 경우에는 본회의에서 의결하는 바에 따른다.

④ 제1항의 사유가 있는 지방의회의원은 그 사안에 한정하여 본회의나 감사·조사위원회의 허가를 받아 감사 또는 조사를 회피할 수 있다.

제50조(주의 의무) ① 지방의회의원은 감사하거나 조사할 때에는 그 대상기관의 기능과 활동이 현저히 저해되거나 기밀이 누설되지 않도록 주의해야 한다.

② 지방의회의원과 사무보조자는 감사 또는 조사를 통하여 알게 된 비밀을 정당한 사유 없이 누설해서는 안 된다.

제51조(공개 원칙) 감사 또는 조사는 공개한다. 다만, 본회의나 감사·조사위원회의 의결이 있는 경우 공개하지 않을 수 있다.

제52조(행정사무 감사 또는 조사 결과의 보고) ① 감사·조사위원회가 감사 또는 조사를 끝내면 그 위원회의 위원장은 지체 없이 지방의회의 의장에게 감사 또는 조사 보고서를 제출하고, 본회의에 보고해야 한다.

② 지방의회의 의장은 감사·조사위원회의 위원장에게 감사 또는 조사에 관한 중간보고를 하게 할 수 있다.

제53조(운영 규정) 법과 이 영에서 규정한 사항 외에 감사 또는 조사에 필요한 사항은 해당 지방자치단체의 조례로 정한다.

제54조(대리 출석·답변의 통보) 지방자치단체의 장은 법 제51조제2항 단서에 따라 관계 공무원을 출석·답변하게 하려면 그 이유를 밝힌 서면으로 본회의나 그 위원회의 회의 시작 전까지 지방의회의 의장이나 그 위원회의 위원장에게 통보해야 한다.

제55조(불신임 의결의 통보 등) ① 지방의회는 법 제62조에 따라 의장이나 부의장에 대한 불신임 의결이 있으면 해당 지방자치단체의 장에게 그 내용을 지체 없이 통보해야 한다.

② 제1항에 따른 통보를 받은 지방자치단체의 장은 시·도의 경우 행정안전부장관에게, 시·군 및 자치구의 경우 시·도지사에게 그 내용을 지체 없이 보고해야 한다.

제56조(지방의회의 회의록 작성 및 보고) ① 지방의회는 회의 내용을 속기나 녹음으로 기록·보존해야 한다.

② 지방의회의 의장은 회의가 끝난 날부터 30일 이내에 지방자치단체의 장에게 법 제84조제3항에 따라 회의 결과를 통보해야 한다.

③ 제2항에 따라 회의 결과를 전달받은 지방자치단체의 장은 행정안전부장관이나 시·도지사가 요구하는 경우에는 그 요구일부터 5일 이내에 회의록 사본을 첨부하여 보고해야 한다.

④ 법 및 이 영에서 규정한 사항 외에 회의록에 관하여 필요한

사항은 회의규칙으로 정한다.

제57조(소개의견서의 첨부) 법 제85조에 따라 지방의회에 청원을 하려는 사람은 청원서에 청원을 소개(紹介)한 지방의회의원의 의견서를 첨부해야 한다.

제58조(청원서의 보완 요구) 지방의회의 의장은 지방의회에 제출된 청원서가 그 요건을 갖추지 못한 경우에는 기간을 정하여 보완을 요구할 수 있다.

제59조(운영 규정) 법 및 이 영에서 규정한 사항 외에 청원에 필요한 사항은 의회규칙으로 정한다.

제60조(의원의 사직) ① 지방의회의원은 사직하려면 본인이 서명하거나 도장을 찍은 사직서를 지방의회의 의장에게 제출해야 한다.

② 법 제89조제1항에 따른 사직의 허가 여부는 토론하지 않고 표결한다.

제61조(의원의 자격심사) ① 법 제91조제1항에 따라 지방의회의원의 자격심사 청구를 받은 의장은 그 청구서의 복사본을 심사 대상인 지방의회의원(이하 이 조에서 "심사대상의원"이라 한다)에게 송달하고 기간을 정하여 답변서를 제출하도록 해야 한다.

② 지방의회의 의장은 심사대상의원이 정당한 이유 없이 제1항에 따른 기간 내에 답변서를 제출하지 않으면 청구서만으로 해당 지방의회의원의 자격을 심사할 수 있다.

③ 지방의회는 필요한 경우 자격심사를 청구한 지방의회의원과 심사대상의원을 회의에 출석하게 하여 질문할 수 있다.

④ 심사대상의원은 다른 지방의회의원으로 하여금 출석하여 발언하게 할 수 있다.

제4장 집행기관

제62조(지방자치단체의 장의 선서) 지방자치단체의 장은 취임에 즈음하여 다음의 선서를 한다.

"나는 법령을 준수하고 주민의 복리증진 및 지역사회의 발전과 국가시책의 구현을 위하여 시·도지사(시장·군수·구청장)로서의 직책을 성실히 수행할 것을 엄숙히 선서합니다."

제63조(지방자치단체의 장의 사임 통지 및 보고) ① 법 제111조에 따른 지방자치단체의 장의 사임통지는 사임일 10일 전까지 해야 한다. 다만, 부득이한 사유가 있는 경우에는 그렇지 않다.

② 제1항에 따라 지방자치단체의 장이 사임통지를 하였을 때에는 시·도의 경우 행정안전부장관에게, 시·군 및 자치구의 경우 시·도지사에게 그 사실을 즉시 보고해야 한다.

제64조(사무인계) ① 법 제119조에 따라 퇴직하는 지방자치단체의 장은 다음 각 호의 구분에 따른 날에 그 소관 사무의 전부를 새로운 지방자치단체의 장이나 그 직무나 권한을 대행하는 사람에게 인계해야 한다.

1. 임기만료로 퇴직하는 경우: 새로운 지방자치단체의 장의 임기가 시작되는 날
2. 임기 중에 퇴직하는 경우: 그 퇴직하는 날

② 제1항 각 호 외의 부분에 따라 직무나 권한을 대행하는 사람이 사무를 인계받은 경우 그 직무나 권한을 대행하는 사람은 새로운 지방자치단체의 장이 사무를 인수할 수 있게 될 때에 지체 없이 새로운 지방자치단체의 장에게 소관 사무를 인계해야 한다.

제65조(사무인계의 방법) 제64조에 따른 사무인계는 다음 각 호의 사항을 적은 사무인계서에 인계자·인수자 및 참관인이 각각 기명·날인하는 방법으로 해야 한다.

1. 서류 및 장부의 목록

2. 공유재산 · 물품 · 채권 · 채무 등 재산 목록

3. 예산 · 회계의 수지현계표(收支現計表: 수입 · 지출의 현재 상태를 계산한 표) 및 잔액증명

4. 기획 중이거나 시행 중인 중요 사업

5. 그 밖의 주요 사항

제66조(사무인계 시의 참관) ① 사무인계를 할 때에는 반드시 참관인을 두어야 하며, 참관인은 인계가 끝난 즉시 사무인계서의 흠결 여부를 확인하고 도장을 찍어야 한다.

② 사무인계 시의 참관은 부지사 · 부시장 · 부군수 · 부구청장이 해야 한다. 다만, 다음 각 호의 어느 하나에 해당하는 경우에는 해당 지방자치단체의 규칙으로 정하는 사람이 참관한다.

1. 결원 등의 사유로 부지사 · 부시장 · 부군수 · 부구청장이 참관할 수 없는 경우

2. 제64조제1항 각 호 외의 부분에 따라 직무나 권한을 대행하는 사람이 인계를 받는 경우

3. 제64조제2항에 따라 직무나 권한을 대행하는 사람이 새로운 지방자치단체의 장에게 사무인계를 하는 경우

제67조(사무인계서류의 생략) 제65조 각 호의 사항 중 사무인계 당시 갖추어 두고 있는 목록 또는 대장으로 현황을 확인할 수 있는 경우에는 그 목록 또는 대장으로 사무인계서의 해당 부분을 갈음할 수 있다. 이 경우 그 뜻을 사무인계서에 적어야 한다.

제68조(운영 규정) 법 및 이 영에 규정된 것 외에 지방자치단체의 장의 사무인계에 관하여 필요한 사항은 해당 지방자치단체의 규칙으로 정한다.

제69조(지방의회의 재의 및 절차) ① 법 제32조제3항, 제120조제1항, 제121조제1항 또는 제192조제1항 및 제2항에 따른 재의의 요

구는 지방의회가 폐회 중일 때에도 할 수 있으며, 재의를 요구받은 지방의회는 부득이한 사유가 없으면 재의요구서가 도착한 날부터 10일 이내에 재의에 부쳐야 한다. 이 경우 폐회 중이거나 휴회 중인 기간은 산입하지 않는다.

② 지방자치단체의 장은 지방의회의 의결의 일부에 대하여 재의를 요구하거나 그 의결을 수정하여 재의를 요구할 수 없다.

제70조(선결처분) ① 법 제122조제1항에 따른 주민의 생명과 재산 보호를 위하여 긴급하게 필요한 사항은 다음 각 호의 어느 하나에 해당하는 것으로 한다.

1. 천재지변이나 대형화재로 인한 피해의 복구 및 구호
2. 중요한 군사안보상의 지원
3. 급성감염병에 대한 예방조치
4. 그 밖에 긴급하게 조치하지 않으면 주민의 생명과 재산에 중대한 피해가 발생할 우려가 있는 사항

② 지방자치단체의 장은 선결처분을 하였을 때에는 시·도의 경우 행정안전부장관에게, 시·군 및 자치구의 경우 시·도지사에게 그 사실을 보고해야 한다.

제71조(부시장·부지사 등의 수와 직급 등) ① 법 제123조제1항에 따라 특별시의 부시장은 3명, 광역시·특별자치시의 부시장과 도 및 특별자치도의 부지사는 2명(인구 800만 이상의 광역시 및 도는 3명)으로 한다.

② 법 제123조제2항에 따라 국가공무원으로 보(補)하는 특별시·광역시 및 특별자치시의 부시장(이하 "행정부시장"이라 한다), 도와 특별자치도의 부지사(이하 "행정부지사"라 한다)는 특별시의 경우 정무직 국가공무원으로, 광역시·특별자치시·도와 특별자치도의 경우 「국가공무원법」 제2조의2에 따라 고위공무원단에 속하는 일반직공

무원으로 보하며, 그 직무등급(「국가공무원법」 제23조에 따라 인사혁신처장이 행정안전부장관과 협의하여 배정하는 직무등급을 말한다)은 행정안전부령으로 정한다.

③ 법 제123조제2항 단서에 따라 지방공무원으로 보하는 특별시·광역시 및 특별자치시의 부시장(이하 "정무부시장"이라 한다)과 도 및 특별자치도의 부지사(이하 "정무부지사"라 한다)는 특별시의 경우 정무직 지방공무원으로, 광역시·특별자치시·도와 특별자치도의 경우 별정직 1급상당 지방공무원이나 지방관리관으로 보한다.

④ 행정부시장·행정부지사는 시·도의 사무를 총괄하고 소속 공무원을 감독하며, 정무부시장·정무부지사는 해당 시·도지사를 보좌하여 정책과 기획의 수립에 참여하고 그 밖의 정무적 업무를 수행한다. 다만, 시·도의 정무부시장·정무부지사는 해당 시·도의 조례로 정하는 바에 따라 행정부시장·행정부지사의 업무를 분담하여 수행할 수 있다.

⑤ 제4항 단서에 따라 행정부시장·행정부지사의 업무를 분담하여 수행하는 정무부시장·정무부지사에 대한 명칭은 조례로 정한다.

⑥ 행정부시장·행정부지사를 2명 두는 시·도의 경우에는 명칭을 행정(1)부시장·행정(1)부지사, 행정(2)부시장·행정(2)부지사로 하고, 그 사무분장은 별표 7에서 정하는 바에 따른다.

⑦ 시의 부시장, 군의 부군수와 자치구의 부구청장의 직급은 다음 각 호의 기준에 따른다. 〈개정 2023. 12. 14., 2024. 12. 31.〉

1. 인구 50만 미만의 시·군 및 자치구: 지방부이사관
2. 인구 50만 이상의 시·군 및 자치구: 지방이사관

⑧ 제7항을 적용할 때에 인구는 제118조제1항 각 호의 어느 하나에 해당하는 사람 수를 합산한 주민 수를 기준으로 하며, 인구 변동에 따른 직급 조정 등은 다음 각 호의 기준에 따른다. 〈개정

2023. 12. 14.〉

1. 매해 말 인구가 해당 시의 부시장, 군의 부군수나 자치구의 부구청장의 직급에 해당하는 인구 기준을 2년간 연속하여 초과하면 다음 해 7월 1일에 그 직급을 상향조정할 것

2. 전년도 각 분기 말 인구를 산술평균한 인구가 해당 시의 부시장, 군의 부군수나 자치구의 부구청장의 직급에 해당하는 인구 기준에 2년간 연속하여 못 미치면 다음 해 7월 1일에 그 직급을 하향조정할 것

3. 시·군 또는 자치구가 신설되는 경우 신설된 시의 부시장, 군의 부군수나 자치구의 부구청장의 직급은 그 시·군 또는 자치구가 신설된 날 현재의 인구를 기준으로 할 것

⑨ 「지방자치분권 및 지역균형발전에 관한 특별법」 제60조제1항 후단에 따른 부시장은 지방이사관, 별정직 2급상당 지방공무원이나 지방임기제공무원으로 보한다. 〈개정 2023. 7. 7.〉

제72조(권한대행 및 직무대리) ① 법 제124조제1항 및 제2항에 따라 지방자치단체의 장의 권한을 대행하는 부지사·부시장·부군수·부구청장(이하 이 조에서 "부단체장"이라 한다)은 법령과 해당 지방자치단체의 조례나 규칙에서 정하는 바에 따라 해당 지방자치단체의 장의 권한에 속하는 사무를 처리한다.

② 지방자치단체의 장은 법 제124조제3항에 따른 사유가 발생한 경우에는 부단체장이 직무를 대리할 범위와 기간을 미리 서면으로 정해야 한다.

③ 법 제124조제3항에 따라 지방자치단체의 장의 직무를 대리하는 부단체장은 제2항에 따라 지방자치단체의 장이 미리 서면으로 위임하거나 지시한 사무를 처리한다. 다만, 공익상 긴급히 처리해야 하는 경우에는 위임되거나 지시된 사무 외에 지방자치단체의 장의

권한에 속하는 사무를 처리할 수 있다.

④ 법 제124조제1항 및 제2항에 따라 부단체장이 지방자치단체의 장의 권한대행을 하게 되거나 권한대행을 하지 않게 될 때에는 즉시 그 사실을 지방의회에 통보하고, 시·도의 경우 행정안전부장관에게, 시·군·자치구의 경우 시·도지사에게 즉시 보고해야 한다.

⑤ 법 제123조제1항제1호 및 제2호에 따라 부시장이나 부지사 3명을 두는 시·도의 경우에는 행정(1)부시장·행정(1)부지사, 행정(2)부시장·행정(2)부지사, 정무부시장·정무부지사의 순으로 시·도지사의 권한을 대행하거나 직무를 대리하고, 부시장이나 부지사 2명을 두는 시·도의 경우에는 행정부시장·행정부지사, 정무부시장·정무부지사의 순으로 시·도지사의 권한을 대행하거나 직무를 대리한다.

제73조(직속기관의 설치) 지방자치단체는 소관 사무의 성격상 별도의 전문기관에서 수행하는 것이 효율적인 경우에는 법 제126조에 따라 직속기관을 설치할 수 있다.

제74조(대학 및 전문대학 등의 설치) 지방자치단체가 제73조에 따라 직속기관 중 대학 및 전문대학 등을 설치하려는 경우에는 다음 각 호의 요건을 갖추어야 한다.

1. 대학 및 전문대학 등을 설치·운영할 만한 지방자치단체의 재정 지원 능력이 있을 것
2. 지역 내에 산업인력 수요가 있고 대학 및 전문대학 등이 그 인력을 공급할 필요성이 있을 것
3. 지역 간 균형 발전에 기여할 수 있을 것
4. 대학 및 전문대학 등의 중장기 발전계획, 학과편성 및 학생정원이 적정할 것
5. 대학 및 전문대학 등의 설치에 관하여 지역사회의 적극적인 지원이 있을 것

제75조(사업소의 설치) 지방자치단체는 다음 각 호의 요건을 갖춘 경우에는 법 제127조에 따라 사업소를 설치할 수 있다. 이 경우 일정기간 후에 끝나는 사업을 추진하기 위한 경우에는 사업소를 한시적으로 설치해야 한다.

1. 업무의 성격이나 업무량 등으로 보아 별도의 기관에서 업무를 수행하는 것이 효율적일 것
2. 사업장의 위치상 현장에서 업무를 추진하는 것이 효율적일 것

제76조(출장소의 설치) ① 지방자치단체는 다음 각 호의 요건을 갖춘 경우에는 법 제128조에 따라 출장소를 설치할 수 있다.

1. 원격지 주민의 편의를 위하여 소관 사무를 분장할 필요가 있을 것
2. 업무의 종합성과 계속성이 있을 것
3. 관할 구역의 범위가 분명할 것

② 제1항에도 불구하고 다음 각 호의 어느 하나에 해당하는 경우에는 출장소를 설치할 수 없다.

1. 자치구가 아닌 구가 설치된 시(법 제10조제2항에 따른 도농복합형태의 시는 제외한다)의 경우
2. 법 제7조제4항에 따라 설치된 행정동의 경우

제77조(합의제행정기관의 설치) 지방자치단체는 다음 각 호의 어느 하나에 해당하는 경우에는 법 제129조에 따라 합의제행정기관을 설치할 수 있다.

1. 고도의 전문지식이나 기술이 필요한 경우
2. 중립적이고 공정한 집행이 필요한 경우
3. 주민 의사의 반영과 이해관계의 조정이 필요한 경우

제78조(자문기관의 설치요건) 지방자치단체는 다음 각 호의 어느 하나에 해당하는 경우에 법 제130조제1항에 따른 자문기관을 설치할

수 있다.

1. 업무 특성상 전문적인 지식이나 경험이 있는 사람의 의견을 들어 결정할 필요가 있을 것

2. 업무의 성질상 다양한 이해관계의 조정 등 특히 신중한 절차를 거쳐 처리할 필요가 있을 것

제79조(자문기관의 구성) ① 법 제130조제1항에 따른 자문기관은 설치 목적을 효율적으로 달성하는 데 필요한 인원으로 구성한다.

② 법 제130조제1항에 따른 자문기관의 위원은 비상임으로 하고, 공무원이 아닌 위원의 임기는 3년을 넘지 않도록 해야 한다.

제80조(자문기관의 존속기한) ① 지방자치단체는 법 제130조제1항에 따른 자문기관을 설치할 때에 계속 존속시켜야 할 명백한 사유가 없는 경우에는 해당 자문기관의 존속기한을 조례에 분명히 밝혀야 한다.

② 제1항에 따른 존속기한은 5년의 범위에서 자문기관의 목적을 달성하는 데 필요한 최소한의 기간으로 한다.

제81조(이장 및 통장의 임명) ① 법 제7조제5항에 따른 행정동의 통에는 통장을 두고, 법 제7조제6항에 따른 읍·면의 행정리에는 이장을 둔다.

② 제1항에 따른 이장 및 통장은 주민의 신망이 두터운 사람 중에서 해당 지방자치단체의 규칙으로 정하는 바에 따라 읍장·면장·동장이 임명한다.

③ 읍장·면장·동장이 제2항에 따라 이장 및 통장을 임명한 경우에는 그 사실을 해당 시장·군수 및 구청장에게 보고해야 한다.

제5장 재무

제82조(결산 승인) 법 제150조에 따른 지방의회의 결산 승인은 제1

차 정례회의의 회기 내에 처리해야 한다.

제83조(검사위원의 선임) ① 법 제150조제1항 전단에 따라 지방의회가 선임하는 검사위원(이하 "검사위원"이라 한다)의 수는 시·도의 경우 7명 이상 20명 이내, 시·군 및 자치구의 경우 3명 이상 10명 이내로 하며, 그 수·선임방법·운영과 실비보상에 필요한 사항은 해당 지방자치단체의 조례로 정한다.

② 검사위원은 해당 지방의회의원이나 공인회계사·세무사 등 재무관리에 관한 전문지식과 경험을 가진 사람 중에서 선임한다. 이 경우 지방의회의원의 수는 전체 검사위원 수의 3분의 1 이하로 하며, 3명을 초과할 수 없다.

③ 지방자치단체의 상근(常勤) 직원은 검사위원이 될 수 없다.

제84조(결산 검사 사항) ① 검사위원의 결산 검사 사항은 다음 각 호와 같다.

1. 결산 개요
2. 세입·세출의 결산
3. 재무제표
4. 성과보고서
5. 결산서의 첨부서류
6. 금고의 결산

② 검사위원은 지방자치단체의 장과 금고에 대하여 검사에 필요한 자료를 요구할 수 있으며, 그 요구를 받은 지방자치단체의 장과 금고는 특별한 사유가 없으면 협조해야 한다.

③ 검사위원은 결산 검사가 끝난 후 10일 이내에 검사의견서를 해당 지방자치단체의 장에게 제출해야 한다.

④ 지방의회는 결산심의 시 필요하다고 인정하는 경우에는 검사위원을 출석시켜 설명을 들을 수 있다.

⑤ 제1항부터 제4항까지에서 규정한 사항 외에 결산 검사의 세부 기준 및 절차 등에 관하여 필요한 사항은 행정안전부장관이 정한다.

제6장 지방자치단체 상호 간의 관계

제85조(분쟁조정 신청 및 직권조정 절차) ① 법 제165조제1항 본문에 따른 분쟁조정의 신청(이하 "분쟁조정신청"이라 한다)은 분쟁 당사자의 양쪽이나 어느 한쪽이 서면으로 행정안전부장관이나 시·도지사에게 신청해야 한다.

② 제1항에 따라 분쟁 당사자의 어느 한쪽이 분쟁조정신청을 한 경우 행정안전부장관이나 시·도지사는 신청 사실을 다른 당사자에게 통보해야 한다.

③ 행정안전부장관이나 시·도지사는 제1항에 따른 분쟁조정신청을 받으면 이를 지체 없이 법 제166조제1항에 따른 지방자치단체중앙분쟁조정위원회(이하 "중앙분쟁조정위원회"라 한다)나 같은 항에 따른 지방자치단체지방분쟁조정위원회(이하 "지방분쟁조정위원회"라 한다)에 회부해야 한다.

④ 행정안전부장관이나 시·도지사는 법 제165조제1항 단서에 따라 분쟁을 직권으로 조정하는 경우에는 미리 서면으로 당사자에게 기간을 정하여 협의를 통해 분쟁을 해결하거나 분쟁조정을 신청하도록 권고해야 한다.

⑤ 행정안전부장관이나 시·도지사는 제4항에 따른 기간 내에 분쟁이 해결되지 않거나 분쟁조정신청이 없으면 중앙분쟁조정위원회나 지방분쟁조정위원회에 회부할 수 있다.

⑥ 중앙분쟁조정위원회나 지방분쟁조정위원회는 제3항 및 제5항에 따라 회부된 분쟁에 대한 심의·의결을 마치면 지체 없이 그 결과를 행정안전부장관이나 시·도지사에게 통보해야 한다.

제86조(이행계획의 보고) 법 제165조제4항에 따라 행정안전부장관이나 시·도지사로부터 조정결정을 통보받은 지방자치단체의 장은 통보를 받은 날부터 30일 이내에 그 이행계획을 작성하여 행정안전부장관이나 시·도지사에게 보고해야 한다.

제87조(중앙분쟁조정위원회 위원장의 직무 및 회의 등) ① 중앙분쟁조정위원회의 위원장은 위원회를 대표하고, 위원회의 업무를 총괄한다.

② 중앙분쟁조정위원회의 위원장은 위원회의 회의를 소집하고, 그 의장이 된다.

③ 중앙분쟁조정위원회의 위원장이 부득이한 사유로 직무를 수행할 수 없을 때에는 위원장이 미리 지명한 위원이 그 직무를 대행한다.

제88조(중앙분쟁조정위원회의 당연직 위원) 법 제166조제5항 각 호 외의 부분에서 "대통령령으로 정하는 중앙행정기관 소속 공무원"이란 기획재정부차관, 행정안전부차관, 산업통상자원부차관, 환경부차관 및 국토교통부차관을 말한다. 이 경우 복수차관이 있는 기관은 해당 기관의 장이 지명하는 차관으로 한다.

제89조(위원의 해촉) 중앙분쟁조정위원회 위촉위원의 해촉에 관하여는 제26조를 준용한다.

제90조(간사) ① 중앙분쟁조정위원회의 사무를 처리하기 위하여 중앙분쟁조정위원회에 간사 1명과 필요한 공무원을 둔다.

② 중앙분쟁조정위원회의 간사는 행정안전부 소속 공무원 중에서 행정안전부장관이 지명한다.

제91조(중앙분쟁조정위원회의 소위원회 등) ① 중앙분쟁조정위원회는 심의에 앞서 안건을 전문적으로 검토하기 위하여 중앙분쟁조정위원회에 소위원회를 둘 수 있다.

② 소위원회는 위원장 1명을 포함하여 5명의 위원으로 구성한다.

③ 소위원회의 위원장은 행정안전부차관으로 하고, 위원은 중앙분

쟁조정위원회의 위원장이 안건과 관련된 분야의 위원 중에서 지명하며, 당연직 위원과 위촉직 위원을 같은 수로 한다.

④ 소위원회의 위원장은 업무 수행을 위하여 필요하면 관계 공무원과 관계 전문가 등을 출석하게 하여 의견을 듣거나 관계 기관·단체 등에 자료 및 의견 제출 등을 요구할 수 있다.

⑤ 제1항부터 제4항까지에서 규정한 사항 외에 소위원회의 운영에 필요한 사항은 중앙분쟁조정위원회의 의결을 거쳐 위원장이 정한다.

제92조(공무원의 파견 요청 등) ① 중앙분쟁조정위원회는 위원회의 업무수행을 위하여 필요하면 관계 중앙행정기관의 장이나 지방자치단체의 장에게 소속 공무원의 파견을 요청할 수 있다.

② 중앙분쟁조정위원회의 위원장은 제1항에 따라 파견받은 공무원에게 간사의 사무를 지원하게 할 수 있다.

제93조(수당 등) 중앙분쟁조정위원회 및 소위원회에 출석한 위원과 관계 공무원 또는 관계 전문가에게는 예산의 범위에서 수당을 지급할 수 있다. 다만, 공무원인 위원이나 관계 공무원이 소관 업무와 직접 관련하여 출석한 경우에는 그렇지 않다.

제94조(운영 세칙) 이 영에서 규정한 사항 외에 중앙분쟁조정위원회 및 소위원회의 운영에 필요한 사항은 중앙분쟁조정위원회의 의결을 거쳐 위원장이 정한다.

제95조(지방분쟁조정위원회의 구성 및 운영) ① 지방분쟁조정위원회 위원의 해촉, 위원장의 직무 및 회의, 수당 등에 관하여는 제26조, 제87조 및 제93조를 준용한다.

② 이 영에서 규정한 사항 외에 지방분쟁조정위원회의 구성 및 운영에 필요한 사항은 시·도의 조례로 정한다.

제96조(행정협의회의 구성 기준) ① 법 제169조제1항 전단에 따른 관계 지방자치단체 간의 행정협의회(이하 이 조, 제97조부터 제102

조까지에서 “행정협의회”라 한다)는 광역적으로 사무를 처리하기 위하여 수립한 계획과 그 집행, 특수행정수요의 충족, 공공시설의 공동설치, 행정정보의 교환, 행정 · 재정업무의 조정 등의 필요를 고려하여 관계 지방자치단체 간에 구성한다.

② 행정협의회 중 수도권 행정협의회와 대도시권 행정협의회의 경우에는 수도권과 대도시권 행정의 특수성을 고려하여 관련 시 · 도로 구성한다.

제97조(행정협의회 사무소의 위치) 행정협의회 사무소는 공동으로 처리할 사무의 비중이 보다 큰 지방자치단체(이하 “중심지방자치단체”라 한다)에 둔다.

제98조(행정협의회 구성 보고) 중심지방자치단체의 장은 법 제169조제1항에 따라 행정협의회를 구성하면 10일 이내에 다음 각 호의 사항을 행정안전부장관과 관계 중앙행정기관의 장이나 시 · 도지사에게 보고해야 한다.

1. 행정협의회의 명칭
2. 가입한 지방자치단체명
3. 구성목적
4. 구성일자
5. 행정협의회의 규약 사본

제99조(회장) 법 제170조제1항에 따른 행정협의회의 회장은 1명으로 하며, 회장이 부득이한 사유로 직무를 수행할 수 없을 때에는 행정협의회의 규약에서 정하는 바에 따라 그 직무를 대행할 사람을 선임한다.

제100조(회의) ① 행정협의회는 정기 또는 수시로 회의를 개최한다.

② 정기회는 상 · 하반기로 나누어 연 2회 소집하고 임시회는 규약에서 정하는 바에 따라 관계 지방자치단체의 장이 요구할 때에

회장이 소집한다.

③ 행정안전부장관이나 시·도지사는 행정협의회를 개최할 필요가 있다고 인정되는 시·도가 구성원인 경우 행정안전부장관이, 시·군 또는 자치구가 구성원인 경우 시·도지사가 행정협의회의 개최를 권고할 수 있다.

④ 행정협의회의 회장은 회의가 있을 때마다 행정협의회의 안건을 준비하여 관계 지방자치단체의 장에게 미리 배포해야 한다.

⑤ 행정협의회를 개최한 경우에는 회의록을 작성해야 한다.

⑥ 회장은 행정협의회 개최 후 14일 이내에 시·도가 구성원인 경우 행정안전부장관에게, 시·군 또는 자치구가 구성원인 경우 시·도지사에게 행정협의회 개최 상황을 보고해야 한다.

제101조(자문위원) ① 행정협의회는 그 협의사항에 관하여 자문하기 위하여 자문위원을 둘 수 있다.

② 자문위원은 국가의 특별행정기관의 장, 지방의회의원, 관련 공공단체의 장 및 관계 전문가 중에서 행정협의회의 승인을 받아 행정협의회의 회장이 위촉한다.

제102조(운영 규정) 법 및 이 영에서 규정한 사항 외에 행정협의회의 운영에 필요한 사항은 행정안전부령으로 정한다.

제103조(전국적 협의체 등의 설립 신고) ① 법 제182조제1항제3호 또는 제4호에 따른 전국적 협의체는 그 효율적 운영을 위하여 각 시·도별 시장·군수·자치구의 구청장 또는 시·군·자치구의회의 의장 전부가 참가하는 지역협의체를 하부조직으로 둘 수 있다.

② 법 제182조제3항에 따라 협의체·연합체(이하 이 항에서 "협의체·연합체"라 한다)의 대표자가 행정안전부장관에게 신고해야 하는 사항은 다음 각 호와 같다.

1. 설립취지

2. 협의체 · 연합체의 명칭

3. 협의체 · 연합체의 조직과 운영 등에 관한 사항

4. 창립총회의 회의록

5. 대표자 · 임원 및 회원의 성명

③ 협의체 · 연합체의 대표자는 제2항에 따라 신고한 사항을 변경하는 경우 그 변경사항을 행정안전부장관에게 신고해야 한다.

④ 제2항 및 제3항에 따른 신고는 행정안전부령으로 정하는 서식에 따른다.

제7장 국가와 지방자치단체 간의 관계

제104조(지방자치단체의 사무에 대한 지원 및 보고 청취) ① 중앙행정기관의 장이나 시 · 도지사는 법 제184조 및 제185조에 따른 조언 · 권고 또는 지도를 위하여 필요하다고 인정하면 지방자치단체의 장이나 관계 공무원의 회의를 소집할 수 있다.

② 중앙행정기관의 장이나 시 · 도지사는 국가나 지방자치단체의 중요정책이나 시책의 수립 · 결정 · 집행과정 등에서 정책이나 시책의 실효성을 높이기 위하여 필요하다고 인정하면 지방자치단체의 장에게 지역주민의 여론이나 지역실태 등을 보고하게 할 수 있다.

제105조(행정협의조정위원회 위원의 임기) 법 제187조제1항에 따른 행정협의조정위원회(이하 "행정협의조정위원회"라 한다)의 위원장과 위촉위원의 임기는 2년으로 한다. 다만, 보궐위원의 임기는 전임위원 임기의 남은 기간으로 한다.

제106조(행정협의조정위원회의 기능과 협의조정 절차) ① 행정협의조정위원회는 중앙행정기관의 장이나 지방자치단체의 장의 신청에 따라 당사자 간에 의견을 달리하는 사항에 대하여 협의 · 조정한다.

② 제1항에 따른 협의 · 조정의 신청은 당사자의 양쪽이나 어느

한쪽이 서면으로 행정협의조정위원회의 위원장에게 해야 한다.

③ 제2항에 따라 협의·조정을 신청했을 때에는 당사자가 시·도지사인 경우 행정안전부장관에게, 당사자가 시장·군수·구청장인 경우 시·도지사와 행정안전부장관에게 신청사실을 통보해야 한다.

④ 행정협의조정위원회의 위원장은 제2항에 따른 신청을 받으면 그 사실을 지체 없이 국무총리에게 보고하고 행정안전부장관, 관계 중앙행정기관의 장과 해당 지방자치단체의 장에게 통보해야 한다.

⑤ 행정협의조정위원회의 위원장은 제1항에 따른 협의·조정사항에 관한 결정을 하면 지체 없이 서면으로 국무총리에게 보고하고, 행정안전부장관, 관계 중앙행정기관의 장과 해당 지방자치단체의 장에게 통보해야 한다.

⑥ 제5항에 따른 통보를 받은 관계 중앙행정기관의 장과 해당 지방자치단체의 장은 그 협의·조정 결정사항을 이행해야 한다.

제107조(회의) 행정협의조정위원회는 재적위원 과반수의 출석으로 개의(開議)하고, 출석위원 3분의 2 이상의 찬성으로 의결한다.

제108조(실무위원회) ① 행정협의조정위원회는 심의에 앞서 심의할 안건을 협의·조정하고 행정협의조정위원회로부터 위임받은 사무를 처리하기 위하여 행정협의조정위원회에 행정협의조정위원회 실무위원회(이하 이 조 및 제109조부터 제111조까지에서 "실무위원회"라 한다)를 둔다.

② 실무위원회는 위원장 1명을 포함하여 9명 이내의 실무위원으로 구성한다.

③ 실무위원회의 위원장은 국무조정실장으로 하고, 실무위원은 기획재정부차관, 행정안전부차관, 안건과 관련된 중앙행정기관의 차관으로서 소속 기관의 장이 지명하는 사람, 법제처차장과 지방자치단체의 행정부시장·부지사로서 소속 지방자치단체의 장이 지명하는

사람으로 한다.

④ 실무위원회의 운영에 필요한 사항은 위원회의 의결을 거쳐 위원장이 정한다.

제109조(간사) ① 행정협의조정위원회와 실무위원회의 사무를 처리하기 위하여 행정협의조정위원회와 실무위원회에 각각 간사 1명과 필요한 공무원을 둔다.

② 행정협의조정위원회의 간사는 행정안전부에서 자치분권 관련 업무를 담당하는 고위공무원단에 속하는 일반직공무원으로 하고, 실무위원회의 간사는 행정안전부 소속 3급부터 5급까지의 공무원 중에서 실무위원회의 위원장이 지명한다.

제110조(관계 기관에 대한 협조 요청) 행정협의조정위원회와 실무위원회의 위원장은 업무수행을 위하여 필요하면 관계 공무원과 관계 전문가 등을 출석하게 하여 의견을 듣거나 관계 기관·단체 등에 자료 및 의견 제출 등을 요구할 수 있다.

제111조(행정협의조정위원회 위원의 해촉 및 운영) 행정협의조정위원회의 위원의 해촉 및 운영 등에 관하여는 제26조, 제87조 및 제92조부터 제94조까지의 규정을 준용한다. 이 경우 "중앙분쟁조정위원회"는 "행정협의조정위원회"로, "소위원회"는 "실무위원회"로 본다.

제112조(명령·처분의 취소·정지 등의 보고) 주무부장관이나 지방자치단체의 장은 다음 각 호의 어느 하나에 해당하는 경우에는 즉시 행정안전부장관에게 통보하거나 보고해야 한다. 이 경우 시장·군수 및 자치구의 구청장은 시·도지사를 거쳐 행정안전부장관에게 보고해야 한다.

1. 법 제188조제1항에 따라 주무부장관이나 시·도지사가 시정명령을 한 경우와 명령·처분을 취소하거나 정지한 경우

2. 법 제188조제2항에 따라 주무부장관이 시장·군수 및 자치구

의 구청장의 명령·처분에 대하여 시·도지사에게 시정명령을 명한 경우

3. 법 제188조제3항에 따라 주무부장관이 직접 시장·군수 및 자치구의 구청장에게 시정명령을 하거나 명령·처분에 대하여 직접 취소하거나 정지한 경우

4. 법 제188조제4항에 따라 주무부장관이 시·도지사에게 시장·군수 및 자치구의 구청장의 명령·처분의 취소 또는 정지를 명하거나 주무부장관이 직접 취소하거나 정지한 경우

5. 법 제188조제6항에 따라 지방자치단체의 장이 대법원에 소(訴)를 제기한 경우나 그에 따른 대법원의 판결이 있는 경우

제113조(직무이행명령 등의 통보 및 보고) 주무부장관이나 지방자치단체의 장은 다음 각 호의 어느 하나에 해당하는 사항이 있으면 즉시 행정안전부장관에게 통보하거나 보고해야 한다. 이 경우 시장·군수 및 자치구의 구청장은 시·도지사를 거쳐 행정안전부장관에게 보고해야 한다.

1. 법 제189조제1항에 따라 주무부장관이나 시·도지사가 이행명령을 한 경우

2. 법 제189조제1항 및 제4항에 따른 주무부장관이나 시·도지사의 이행명령을 지방자치단체의 장이 이행한 경우

3. 법 제189조제2항에 따라 주무부장관이나 시·도지사가 대집행이나 행정상·재정상 필요한 조치(이하 "대집행등"이라 한다)를 한 경우

4. 법 제189조제3항에 따라 주무부장관이 시·도지사에게 이행명령을 하도록 명하는 경우

5. 법 제189조제4항에 따라 주무부장관이 시장·군수 및 자치구의 구청장에게 직접 이행명령을 하거나 대집행등을 하는 경우

6. 법 제189조제5항에 따라 주무부장관이 시·도지사에게 대집행등을 하도록 명하거나 주무부장관이 직접 대집행등을 하는 경우

7. 법 제189조제6항에 따라 지방자치단체의 장이 대법원에 소를 제기하거나 집행정지결정을 신청한 경우나 그에 따른 대법원의 판결·결정이 있는 경우

제114조(지방의회 의결의 재의 및 제소 등의 보고) 지방자치단체의 장은 다음 각 호의 어느 하나에 해당하는 경우에는 행정안전부장관과 주무부장관에게 즉시 그 내용을 보고해야 한다. 이 경우 시장·군수 및 자치구의 구청장은 시·도지사를 거쳐 행정안전부장관에게 보고해야 한다.

1. 법 제32조제3항, 제120조제1항 또는 제121조제1항에 따라 해당 지방자치단체의 장이 재의를 요구한 경우나 그에 따른 지방의회의 의결이 있는 경우

2. 법 제120조제3항 및 제192조제4항에 따라 지방자치단체의 장이 재의결된 사항에 대하여 대법원에 소를 제기하거나 집행정지결정을 신청한 경우나 그에 따른 대법원의 판결·결정이 있는 경우

3. 법 제192조제1항 및 제3항에 따라 시·도지사가 시·군 및 자치구의 지방의회 의결에 대하여 재의를 요구하게 한 경우나 그에 따른 지방의회의 의결이 있는 경우

4. 법 제192조제5항에 따라 시·도지사가 시장·군수 및 자치구의 구청장에게 제소를 지시하거나 직접 제소하거나 집행정지결정을 신청한 경우나 그에 따른 대법원의 판결·결정이 있는 경우

5. 법 제192조제8항에 따라 시·도지사가 대법원에 직접 제소하거나 집행정지결정을 신청한 경우나 그에 따른 대법원의 판결·결정이 있는 경우

제115조(주무부장관의 통보) 주무부장관은 다음 각 호의 어느 하나에

해당하는 경우에는 행정안전부장관에게 즉시 그 내용을 통보해야 한다.

1. 법 제192조제1항에 따라 주무부장관이 시·도지사에게 재의를 요구하게 한 경우

2. 법 제192조제2항에 따라 주무부장관이 직접 시장·군수 및 자치구의 구청장에게 재의를 요구하게 한 경우

3. 법 제192조제5항에 따라 주무부장관이 해당 지방자치단체의 장에게 제소를 지시하거나 직접 제소하거나 집행정지결정을 신청한 경우나 그에 따른 대법원의 판결·결정이 있는 경우

4. 법 제192조제8항에 따라 주무부장관이 대법원에 직접 제소와 집행정지결정을 신청한 경우나 그에 따른 대법원의 판결·결정이 있는 경우

제116조(판결 등의 공시) 제114조제2호·제4호 및 제5호와 제115조제3호 및 제4호에 따른 대법원의 판결·결정이 있는 경우 해당 지방자치단체의 장은 공보·게시판·전산망 또는 일간신문에 그 사실을 즉시 공시해야 한다.

제8장 대도시 등의 행정특례

제117조(자치구의 재원 조정) ① 법 제196조에 따른 자치구 상호 간의 조정 재원은 해당 시세(市稅) 중 「지방세기본법」 제8조제1항제1호 각 목의 보통세(광역시의 경우에는 「지방세법」 제7장제3절의 주민세 사업소분과 같은 장 제4절의 주민세 종업원분은 제외한다)로 한다.

② 자치구 상호 간의 재원 조정 방법을 정하는 조례는 조정교부금의 교부율·산정방법 및 교부시기 등을 포함해야 한다.

제118조(인구 50만 이상 대도시와 특례시의 인구 인정기준) ① 법 제198조제1항에 따라 특례를 둘 수 있는 인구 50만 이상 대도시는 전년도 말일 현재 다음 각 호의 어느 하나에 해당하는 사람 수를

합산한 주민 수가 2년 간 연속하여 50만 이상인 시로 한다.

1. 해당 지방자치단체의 관할 구역에 주민등록이 되어 있는 사람

2.「재외동포의 출입국과 법적 지위에 관한 법률」 제6조에 따라 해당 지방자치단체의 국내거소신고인명부에 올라 있는 외국국적동포

3.「출입국관리법」 제34조에 따라 해당 지방자치단체의 외국인등록대장에 올라 있는 외국인

② 제1항에 따른 인구 50만 이상 대도시가 인구의 감소로 전년도 각 분기 말일 현재 제1항 각 호의 어느 하나에 해당하는 사람 수를 합산한 주민 수를 산술평균한 인구가 2년 간 연속하여 50만에 미치지 못하는 경우 그 시는 그 다음 해부터 인구 50만 이상 대도시에서 제외된다.

③ 법 제198조제2항제1호에 따른 인구 100만 이상 대도시(이하 "특례시"라 한다)의 인구 인정기준에 관하여는 제1항 및 제2항을 준용한다. 이 경우 "인구 50만"은 "인구 100만"으로 본다.

제119조(특례를 둘 수 있는 시ㆍ군ㆍ구의 지정기준) 법 제198조제2항제2호에 따라 행정안전부장관이 지정하는 시ㆍ군ㆍ구는 다음 각 호의 어느 하나에 해당하는 기준을 충족해야 한다. 〈개정 2023. 7. 7.〉

1. 해당 시ㆍ군ㆍ구에 특례가 필요하다고 인정할 수 있는 자연적ㆍ사회적인 행정수요가 분명하게 존재할 것

2. 해당 시ㆍ군ㆍ구의 지역적 여건에 입각한 발전전략 이행에 특례가 필요하다고 인정되는 경우로서 인접한 시ㆍ군ㆍ구의 발전에도 기여할 수 있을 것

3. 「지방자치분권 및 지역균형발전에 관한 특별법」에 따른 인구감소지역으로서 같은 법과 관계 법령에 따른 시책 추진과 지원 외에 추가적인 특례가 필요하다고 인정될 것

제120조(특례를 둘 수 있는 시·군·구의 지정절차) ① 법 제198조 제2항제2호에 따라 행정안전부장관의 지정을 받으려는 시장·군수·구청장은 행정안전부령으로 정하는 설치 요청서에 시·군·구의 특성을 고려한 행정, 재정 운영과 국가의 지도·감독에 대한 특례를 첨부하여 해당 시·군·구를 관할하는 특별시장·광역시장·도지사(이하 이 조 및 제121조에서 "특별시장등"이라 한다)에게 제121조 제1항에 따른 시·군·구특례협의회(이하 이 조에서 "특례협의회"라 한다)의 설치를 요청해야 한다. 이 경우 시장·군수·구청장은 그 지방의회의 의결을 받아야 한다. 〈개정 2024. 12. 31.〉

② 제1항에 따른 요청을 받은 특별시장등은 지체 없이 특례협의회를 구성하고, 요청을 받은 날부터 90일 이내에 협의를 해야 한다. 이 경우 특별시장등과 시장·군수·구청장이 협의한 경우에는 그 기간을 30일의 범위에서 한차례만 연장할 수 있다. 〈개정 2024. 12. 31.〉

③ 시장·군수·구청장은 행정안전부령으로 정하는 지정 신청서에 제2항에 따른 특례협의회의 협의 결과를 첨부하여 행정안전부장관에게 특례를 둘 수 있는 시·군·구로의 지정을 신청해야 한다.

④ 시장·군수·구청장은 특례협의회의 구성을 요청한 날부터 120일이 지났음에도 협의가 완료되지 않았거나, 특별시장등이 특례협의회를 구성하지 않은 경우에는 제3항에 따른 협의 결과를 첨부하지 않고 행정안전부장관에게 지정 신청을 할 수 있다. 〈개정 2024. 12. 31.〉

⑤ 행정안전부장관은 제3항 또는 제4항에 따른 신청을 받으면 지체 없이 그 신청 내용을 해당 시·군·구를 관할하는 특별시장등과 관계 중앙행정기관의 장에게 통보해야 한다.

⑥ 제3항 또는 제4항에 따른 신청을 받은 행정안전부장관은 제

122조제1항에 따른 지방자치단체 특례심의위원회의 심의·의결을 거쳐 그 시·군·구를 특례를 둘 수 있는 시·군·구로 지정한다. 〈개정 2024. 12. 31.〉

⑦ 행정안전부장관은 제6항에 따른 지정 사실과 제122조제1항에 따른 지방자치단체 특례심의위원회의 심의·의결 내용을 관보에 고시하고, 해당 시장·군수·구청장, 해당 시·군·구를 관할하는 특별시장등과 관계 중앙행정기관의 장에게 통보해야 한다.

⑧ 행정안전부장관은 제122조제1항에 따른 지방자치단체 특례심의위원회의 심의·의결 결과 법령 또는 조례의 개정 등의 조치가 필요한 경우에는 관계 중앙행정기관의 장이나 지방자치단체의 장에게 필요한 조치를 하도록 권고해야 한다.

⑨ 제8항에 따른 권고를 받은 관계 중앙행정기관의 장이나 지방자치단체의 장은 그 권고사항을 이행하도록 노력해야 하며, 이행하기 곤란한 경우에는 그 사유를 행정안전부장관에게 통보해야 한다.

⑩ 행정안전부장관은 다음 각 호의 어느 하나에 해당하면 제122조제1항에 따른 지방자치단체 특례심의위원회의 심의·의결을 거쳐 제6항에 따른 지정을 해제할 수 있다.

1. 해당 시장·군수·구청장이 지정의 해제를 신청하는 경우

2. 제119조에 따른 지정기준을 더 이상 충족하지 않는다고 인정되는 경우

3. 그 밖에 특례 지정 당시에 예상하지 못한 사정 변경으로 더 이상 특례 지정의 목적을 달성하기 어려운 경우로서 행정안전부장관이 필요하다고 인정하는 경우

⑪ 행정안전부장관은 제6항에 따라 시·군·구를 지정한 경우에는 그 지정사실을 관보에 고시한 날부터 5년마다 제122조제1항에 따른 지방자치단체 특례심의위원회의 심의·의결을 거쳐 제10항제2호

에 해당하는지를 확인해야 한다.

⑫ 제6항에 따른 지정의 해제 절차에 관하여는 제1항부터 제9항까지의 규정을 준용한다.

⑬ 제1항부터 제12항까지에서 규정한 사항 외에 특례를 둘 수 있는 시·군·구의 지정절차에 관한 구체적 사항은 행정안전부장관이 정한다.

제121조(특례협의회의 구성·운영) ① 시·군·구의 특례 지정 신청 여부를 관계 지방자치단체가 자율적으로 협의하기 위하여 특별시장등 소속으로 시·군·구특례협의회(이하 이 조에서 "특례협의회"라 한다)를 둔다. 〈개정 2024. 12. 31.〉

② 특례협의회는 위원장 1명을 포함하여 20명 이내의 위원으로 구성한다. 〈개정 2024. 12. 31.〉

③ 특례협의회의 위원은 특별시장등이 다음 각 호에 해당하는 사람 중에서 동수(同數)로 임명하거나 위촉한다.

1. 특별시·광역시·도 소속 공무원

2. 시·군·구 소속 공무원

3. 지방자치에 관한 학식과 경험이 풍부한 사람 중에서 특별시장등이 추천하는 사람

4. 지방자치에 관한 학식과 경험이 풍부한 사람 중에서 시·군·구청장이 추천하는 사람

④ 특례협의회의 위원장은 제3항제4호의 위원 중에서 호선한다.

⑤ 제1항부터 제4항까지에서 규정한 사항 외에 특례협의회의 구성 및 운영에 필요한 사항은 특별시장등과 시장·군수·구청장이 협의하여 정한다.

제122조(지방자치단체 특례심의위원회의 구성·운영) ① 다음 각 호의 사항을 심의하기 위하여 행정안전부장관 소속으로 지방자치단체

특례심의위원회(이하 이 조, 제123조 및 제124조에서 "특례심의위원회"라 한다)를 둔다.

1. 제119조 각 호의 지정기준 충족 여부

2. 제120조제1항에 따라 시장·군수·구청장이 요청한 특례 내용의 실현가능성과 국가의 기본정책 방향과의 합치 여부

3. 그 밖에 특례를 둘 수 있는 시·군·구의 지정에 관한 사항으로서 특례심의위원회의 위원장(이하 이 조, 제123조 및 제124조에서 "위원장"이라 한다)이나 행정안전부장관이 필요하다고 인정하는 사항

② 특례심의위원회는 위원장 2명을 포함하여 15명 이내의 위원으로 구성한다.

③ 위원장은 행정안전부장관과 제4항제3호의 위원 중 국무총리가 지명하는 사람이 공동으로 한다.

④ 특례심의위원회의 위원은 다음 각 호의 사람으로 한다. 이 경우 제2호에 따른 위원의 수는 4명으로 한다.

1. 기획재정부차관, 교육부차관, 국무조정실차장 및 법제처차장. 이 경우 복수차관 또는 복수차장이 있는 기관은 해당 기관의 장이 지명하는 차관 또는 차장으로 한다.

2. 법 제182조에 따른 지방자치단체의 장 등의 협의체의 대표자가 추천하는 사람으로서 국무총리가 위촉하는 사람

3. 지방자치에 관한 학식과 경험이 풍부한 사람 중에서 행정안전부장관이 추천하는 사람으로서 국무총리가 위촉하는 사람

⑤ 특례심의위원회의 업무를 지원하기 위하여 특례심의위원회에 간사 1명을 두며, 간사는 행정안전부에서 자치분권 관련 업무를 담당하는 고위공무원단에 속하는 일반직공무원으로 한다.

⑥ 제4항제2호 및 제3호에 따른 위촉위원의 임기는 2년으로 하

며, 연임할 수 있다.

⑦ 위촉위원의 사임 등으로 새로 위촉되는 위원의 임기는 전임위원 임기의 남은 기간으로 한다.

第123조(특례심의위원회의 회의 등) ① 위원장은 특례심의위원회의 회의를 각자 소집하며, 공동으로 의장이 된다.

② 특례심의위원회의 회의는 재적위원 과반수의 출석으로 개의하고, 출석위원 과반수의 찬성으로 의결한다.

③ 제122조와 이 조에서 규정한 사항 외에 특례심의위원회의 운영에 필요한 사항은 특례심의위원회의 의결을 거쳐 위원장이 정한다.

第124조(특례심의위원회 실무위원회의 구성) ① 특례심의위원회는 심의에 앞서 심의·의결할 사항을 미리 검토하기 위하여 특례심의위원회에 실무위원회(이하 이 조에서 "실무위원회"라 한다)를 둔다.

② 실무위원회는 위원장 1명을 포함하여 7명 이내의 위원으로 구성하며, 위원장은 행정안전부차관으로 한다.

③ 실무위원회의 위원은 기획재정부, 교육부, 행정안전부, 국무조정실 및 법제처의 고위공무원단에 속하는 공무원 중에서 해당 기관의 장이 지명하는 공무원으로 한다.

④ 실무위원회의 업무를 지원하기 위하여 실무위원회에 간사 1명을 두며, 간사는 행정안전부 소속 3급 또는 4급 공무원 중에서 실무위원회의 위원장이 지명한다.

⑤ 실무위원회의 위원장은 업무수행을 위하여 필요한 경우에는 관계 공무원과 관계 전문가 등에게 실무위원회에 참석을 요청하거나 자료 및 의견 제출을 요구할 수 있다.

⑥ 실무위원회의 위원장은 특례심의위원회에서 심의·의결할 사항을 미리 검토하는 과정에서 필요한 경우에는 특례를 신청한 시장·

군수 · 구청장에게 자료의 보완 및 제출을 요구할 수 있다.

⑦ 제1항부터 제6항까지에서 규정한 사항 외에 실무위원회의 운영에 필요한 사항은 특례심의위원회의 의결을 거쳐 위원장이 정한다.

제125조(인구 50만 이상 대도시와 특례시의 공고) 행정안전부장관은 매년 2월 1일까지 제118조에 따른 인구 50만 이상 대도시와 특례시를 관보에 게재해야 한다.

제126조(특별지방자치단체 의회의 중요 의결사항) 법 제204조제3항 전단에서 “대통령령으로 정하는 중요한 사항”이란 다음 각 호의 사항을 말한다.

1. 조례의 제정과 개정 · 폐지
2. 예산의 심의 · 확정
3. 결산의 승인
4. 그 밖에 특별지방자치단체의 운영에 관한 사항으로서 규약으로 정하는 중요한 사항

제127조(사무처리상황의 통지) 특별지방자치단체의 장은 법 제207조에 따라 구성 지방자치단체의 장과 행정안전부장관(시 · 군 및 자치구만으로 구성하는 경우에는 시 · 도지사를 포함한다)에게 법 제203조의 기본계획에 따른 사무처리 상황을 통지해야 한다.

부칙 〈제32223호, 2021. 12. 16.〉

제1조(시행일) 이 영은 2022년 1월 13일부터 시행한다. 다만, 제14조, 제15조제1항 각 호 외의 부분 단서, 같은 조 제4항 및 제16조제1항 단서의 개정규정은 2023년 7월 1일부터 시행한다.

제2조(전자서명을 통한 주민 감사 청구에 관한 적용례) 제14조, 제15조제1항 각 호 외의 부분 단서, 같은 조 제4항 및 제16조제1항 단서의 개정규정은 부칙 제1조 단서에 따른 시행일 이후 감사를 청

구하려는 청구인의 대표자가 제14조제2항의 개정규정에 따라 주무부장관이나 시·도지사에게 정보시스템의 이용을 신청하는 경우부터 적용한다.

제3조(지방의회의원의 여비 지급에 관한 경과조치) 이 영 시행 전에 지방의회의원이 공무로 여행한 경우 그 여비의 지급기준에 관하여는 제33조제1항제3호 및 별표 6의 개정규정에도 불구하고 종전의 제33조제1항제2호 및 별표 5에 따른다.

제4조(종전에 임명된 통장에 관한 경과조치) 이 영 시행 전에 지방자치단체의 조례로 정하는 바에 따라 임명된 통장은 제81조제2항의 개정규정에 따라 임명된 통장으로 본다.

제5조(다른 법령의 개정) ① 경제자유구역의 지정 및 운영에 관한 특별법 시행령 일부를 다음과 같이 개정한다.

제28조의3제2항제1호 중 "「지방자치법」 제115조"를 "「지방자치법」 제128조"로 하고, 같은 항 제2호 중 "「지방자치법」 제159조"를 "「지방자치법」 제176조"로, "「지방자치법」 제162조"를 "「지방자치법」 제179조" 로 한다.

② 공간정보의 구축 및 관리 등에 관한 법률 시행령 일부를 다음과 같이 개정한다.

제35조제1항 본문 중 "「지방자치법」 제175조"를 "「지방자치법」 제198조제1항"으로 한다.

③ 공공기록물 관리에 관한 법률 시행령 일부를 다음과 같이 개정한다.

제9조제1항 후단 중 "「지방자치법」 제159조"를 "「지방자치법」 제176조"로, "같은 법 제160조부터 제164조까지"를 "같은 법 제177조부터 제181조까지"로 한다.

④ 공공데이터의 제공 및 이용 활성화에 관한 법률 시행령 일부

를 다음과 같이 개정한다.

제2조제1항제2호 중 “「지방자치법」 제165조제1항제1호”를 “「지방자치법」 제182조제1항제1호”로 하고, 같은 항 제3호 중 제165조제1항제3호“를 ”「지방자치법」 제182조제1항제3호"로 한다.

⑤ 공무원수당 등에 관한 규정 일부를 다음과 같이 개정한다.

별표 11 제3호마목1)의 지급액 및 지급방법란 비고 중 “「지방자치법」 제7조제2항”을 “「지방자치법」 제10조제2항”으로 한다.

⑥ 교육·사회 및 문화 관계장관회의 규정 일부를 다음과 같이 개정한다.

제5조제5항 중 “「지방자치법」 제165조제1항제1호 또는 제3호”를 “「지방자치법」 제182조제1항제1호 또는 제3호”로 한다.

⑦ 국가균형발전 특별법 시행령 일부를 다음과 같이 개정한다.

제23조제3항 중 “「지방자치법」 제165조”를 “「지방자치법」 제182조”로 한다.

⑧ 국방과학연구소법 시행령 일부를 다음과 같이 개정한다.

제15조제1항 중 “「지방자치법」 제93조”를 “「지방자치법」 제106조”로 한다.

⑨ 국토교통과학기술 육성법 시행령 일부를 다음과 같이 개정한다.

제7조제1항제4호 중 “「지방자치법」 제113조 및 제114조”를 “「지방자치법」 제126조 및 제127조”로 한다.

⑩ 국토의 계획 및 이용에 관한 법률 시행령 일부를 다음과 같이 개정한다.

제25조제3항제3호 중 “「지방자치법」 제175조”를 “「지방자치법」 제198조제1항”으로 한다.

제42조제2항 각 호 외의 부분 전단 중 “「지방자치법」 제44조 및

제45조”를 “「지방자치법」 제53조 및 제54조”로 한다.

별표 1의4 제8호 중 “「지방자치법」 제138조”를 “「지방자치법」 제155조”로 한다.

⑪ 데이터기반행정 활성화에 관한 법률 시행령 일부를 다음과 같이 개정한다.

제3조제1항제2호 중 “「지방자치법」 제165조제1항제1호”를 “「지방자치법」 제182조제1항제1호”로 하고, 같은 항 제3호 중 “제165조제1항제3호”를 “「지방자치법」 제182조제1항제3호”로 한다.

⑫ 도시개발법 시행령 일부를 다음과 같이 개정한다.

제5조 본문 중 “「지방자치법」 제175조에 따른 서울특별시와 광역시”를 “「지방자치법」 제198조제1항에 따른 서울특별시·광역시 및 특별자치시”로 한다.

⑬ 도시공원 및 녹지 등에 관한 법률 시행령 일부를 다음과 같이 개정한다.

제13조의2제3항 각 호 외의 부분 중 “「지방자치법」 제175조”를 “「지방자치법」 제198조제1항”으로 한다.

⑭ 도시 및 주거환경정비법 시행령 일부를 다음과 같이 개정한다.

제2조제2항 각 호 외의 부분 중 “「지방자치법」 제175조”를 “「지방자치법」 제198조제1항”으로 한다.

⑮ 도시재생 활성화 및 지원에 관한 특별법 시행령 일부를 다음과 같이 개정한다.

제10조제1항제2호 중 “「지방자치법」 제175조”를 “「지방자치법」 제198조제1항”으로 한다.

⑯ 도시재정비 촉진을 위한 특별법 시행령 일부를 다음과 같이 개정한다.

제3조 중 “「지방자치법」 제175조”를 “「지방자치법」 제198조제1

항"으로 한다.

⑰ 물환경보전법 시행령 일부를 다음과 같이 개정한다.

제23조 중 "「지방자치법」 제175조"를 "「지방자치법」 제198조제1항"으로 한다.

⑱ 박물관 및 미술관 진흥법 시행령 일부를 다음과 같이 개정한다.

제8조제1항 각 호 외의 부분 중 "「지방자치법」 제175조"를 "「지방자치법」 제198조제1항"으로 한다.

⑲ 법령정보의 관리 및 제공에 관한 법률 시행령 일부를 다음과 같이 개정한다.

제2조제2항제6호 중 "「지방자치법 시행령」 제10조의2"를 "「지방자치법 시행령」 제11조"로 한다.

⑳ 법제업무 운영규정 일부를 다음과 같이 개정한다.

제11조제1항 각 호 외의 부분 중 "「지방자치법」 제165조"를 "「지방자치법」 제182조"로 하고, 같은 조 제6항제4호 중 "「지방자치법 시행령」 제10조의2"를 「지방자치법 시행령」 제11조"로 한다.

㉑ 벤처기업육성에 관한 특별조치법 시행령 일부를 다음과 같이 개정한다.

제11조의10제1항 중 "「지방자치법」 제175조"를 "「지방자치법」 제198조제1항"으로 한다.

㉒ 보조금 관리에 관한 법률 시행령 일부를 다음과 같이 개정한다.

별표 4의 법 제26조의3제1항제8호 관련의 요청 자료 또는 정보란 제32호 중 "「지방자치법」 제9조"를 "「지방자치법」 제13조"로 한다.

㉓ 빈집 및 소규모주택 정비에 관한 특례법 시행령 일부를 다음

과 같이 개정한다.

제3조제1항제1호 각 목 외의 부분 중 "「지방자치법」 제175조"를 "「지방자치법」 제198조제1항"으로 한다.

㉔ 사회보장기본법 시행령 일부를 다음과 같이 개정한다.

제11조제4항제2호 및 제12조제4항제3호 중 "「지방자치법」 제165조"를 각각 "「지방자치법」 제182조"로 한다.

㉕ 산업입지 및 개발에 관한 법률 시행령 일부를 다음과 같이 개정한다.

제3조제3항 본문 중 "「지방자치법」 제175조"를 "「지방자치법」 제198조제1항"으로 한다.

㉖ 산업집적활성화 및 공장설립에 관한 법률 시행령 일부를 다음과 같이 개정한다.

제42조제1항 본문 중 "「지방자치법」 제175조"를 "「지방자치법」 제198조제1항"으로 한다.

㉗ 서울특별시행정특례에관한법률시행령 일부를 다음과 같이 개정한다.

제4조제2항 중 "「지방자치법 시행령」 제104조"를 "「지방자치법」 제187조제1항"으로 한다.

㉘ 성별영향평가법 시행령 일부를 다음과 같이 개정한다.

제4조제4호 중 "「지방자치법」 제127조제1항"을 "「지방자치법」 제142조제1항"으로 한다.

㉙ 소방공무원임용령 일부를 다음과 같이 개정한다.

제8조제2항 중 "「지방자치법 시행령」 제73조"를 "「지방자치법 시행령」 제71조"로 한다.

㉚ 수도권매립지관리공사의 설립 및 운영 등에 관한 법률 시행령 일부를 다음과 같이 개정한다.

제17조제1항2호 중 "「지방자치법」 제4조의2제5항에 따른 지방자치단체의 조례에 따라 위촉된 통장과 「지방자치법 시행령」 제81조에 따라 임명된 이장"을 "「지방자치법 시행령」 제81조에 따라 임명된 이장 및 통장"으로 한다.

㉛ 수산업·어촌 공익기능 증진을 위한 직접지불제도 운영에 관한 법률 시행령 일부를 다음과 같이 개정한다.

제3조 중 "「지방자치법」 제4조의2제4항"을 "「지방자치법」 제7조제4항"으로 한다.

제21조제2항 각 호 외의 부분 중 "「지방자치법」 제104조"를 "「지방자치법」 제117조"로 한다.

㉜ 신행정수도 후속대책을 위한 연기·공주지역 행정중심복합도시 건설을 위한 특별법 시행령 일부를 다음과 같이 개정한다.

제28조제2항제2호가목 중 "「지방자치법」 제4조제5항"을 "「지방자치법」 제7조제4항"으로 한다.

㉝ 인적자원개발 기본법 시행령 일부를 다음과 같이 개정한다.

제19조제2호 중 "같은 법 제113조"를 "같은 법 제126조"로 한다.

㉞ 임업 및 산촌 진흥촉진에 관한 법률 시행령 일부를 다음과 같이 개정한다.

제22조제5항제4호 중 "「지방자치법」 제113조"를 "「지방자치법」 제126조"로 한다.

㉟ 자연재난 구호 및 복구 비용 부담기준 등에 관한 규정 일부를 다음과 같이 개정한다.

제3조제9호 중 "「지방자치법」 제173조"를 "「지방자치법」 제196조"로 한다.

㊱ 자치경찰사무와 시·도자치경찰위원회의 조직 및 운영 등에 관

한 규정 일부를 다음과 같이 개정한다.

제5조제2항제1호 및 제2호 중 “「지방자치법 시행령」 제102조제3항”을 각각 “「지방자치법 시행령」 제103조제1항”으로 한다.

㊲ 저작권법 시행령 일부를 다음과 같이 개정한다.

제11조제8호자목 중 “「지방자치법」 제144조”를 “「지방자치법」 제161조”로 한다.

㊳ 저탄소 녹색성장 기본법 시행령 일부를 다음과 같이 개정한다.

제15조제2항제1호 본문 중 “「지방자치법 시행령」 제73조제2항”을 “「지방자치법 시행령」 제71조제2항”으로 하고, 같은 호 단서 중 “「지방자치법 시행령」 제73조제4항 단서”를 “「지방자치법 시행령」 제71조제4항 단서”로 한다.

㊴ 전통시장 및 상점가 육성을 위한 특별법 시행령 일부를 다음과 같이 개정한다.

제3조의2제2항 중 “「지방자치법」 제4조의2제4항”을 “「지방자치법」 제7조제4항”으로 한다.

㊵ 주택법 시행령 일부를 다음과 같이 개정한다.

제12조의2제1호라목 중 “「지방자치법」 제159조”를 “「지방자치법」 제176조”로 한다.

제80조제1항제2호 중 “「지방자치법」 제175조”를 “「지방자치법」 제198조제1항”으로 한다.

㊶ 중소기업진흥에 관한 법률 시행령 일부를 다음과 같이 개정한다.

제30조제2항 중 “「지방자치법」 제175조”를 “「지방자치법」 제198조제1항”으로 한다.

㊷ 지방공기업법 시행령 일부를 다음과 같이 개정한다.

제44조제1항제2호 및 제69조제4호 중 “「지방자치법」 제41조 및 같은 법 시행령 제51조”를 각각 “「지방자치법」 제50조”로 한다.

㊸ 지방공무원 임용령 일부를 다음과 같이 개정한다.

제9조의3제2항제2호 중“「지방자치법」 제110조제6항 후단”을 “「지방자치법」 제123조제6항 후단”으로 한다.

㊹ 지방공무원 적극행정 운영규정 일부를 다음과 같이 개정한다.

제11조제2항제1호 중 “「지방자치법 시행령」 제73조제2항”을 “「지방자치법 시행령」 제71조제2항”으로 한다.

㊺ 지방교부세법 시행령 일부를 다음과 같이 개정한다.

제12조제1항제10호 중 “「지방자치법」 제16조 또는 제171조”를 “「지방자치법」 제21조 또는 제190조”로 한다.

별표 2 제1호의 산정기준란 중 “「지방자치법」 제112조제2항”을 “「지방자치법」 제125조제2항”으로 한다.

㊻ 지방교육재정교부금법 시행령 일부를 다음과 같이 개정한다.

제6조제2호 중 “「지방자치법」 제171조”를 “「지방자치법」제190조”로 한다.

㊼ 지방별정직공무원 인사규정 일부를 다음과 같이 개정한다.

제7조제1항제4호 중 “「지방자치법」 제110조제2항 단서”를 “「지방자치법」 제123조제2항 단서”로 한다.

제12조 중 "「지방자치법」 제77조부터 제80조까지, 제98조 및 제99

조“를 "「지방자치법」 제89조부터 제92조까지, 제111조 및 제112조"

로 한다.

㊽ 지방세기본법 시행령 일부를 다음과 같이 개정한다. 〈개정 2021. 12. 31.〉

제93조의3제2항제2호 중 “「지방자치법」 제165조제1항제1호 및 제3호”를 “「지방자치법」 제182조제1항제1호 및 제3호”로 한다.

㊾ 지방소방기관 설치에 관한 규정 일부를 다음과 같이 개정한다.

제1조 중 “「지방자치법」 제113조”를 “「지방자치법 」 제126조”로 한다.

㊿ 지방의료원의 설립 및 운영에 관한 법률 시행령 일부를 다음과 같이 개정한다.

제14조제4호 중 “「지방자치법」 제41조의2제2항”을 “「지방자치법」 제50조제2항”으로 한다.

〈51〉 지방자치단체 보조금 관리에 관한 법률 시행령 일부를 다음과 같이 개정한다.

제15조제2호 중 “「지방자치법」 제127조제4항”을 “「지방자치법」 제142조제4항”으로 하고, 같은 조 제3호 중 “「지방자치법」 제130조제1항”을 “「지방자치법」 제145조제1항”으로 한다.

〈52〉 지방자치단체를 당사자로 하는 계약에 관한 법률 시행령 일부를 다음과 같이 개정한다.

제25조제1항제3호 및 제37조제3항제1호 중 “「지방자치법」 제159조”를 각각 “「지방자치법 」 제176조”로 한다.

〈53〉 지방자치단체에 대한 행정감사규정 일부를 다음과 같이 개정한다.

제1조 중 “「지방자치법」 제167조, 제171조 및 제171조의2”를 “「지방자치법」 제185조, 제190조 및 제191조”로 한다.

제2조 각 호 외의 부분 중 “「지방자치법」(이하 "법"이라 한다) 제167조, 제171조 및 제171조의2”를 “「지방자치법」(이하 "법"이라 한다) 제185조, 제190조 및 제191조”로 하고, 같은 조 제1호 중 “법 제167조제1항”을 “법 제185조제1항”으로 하며, 같은 조 제2호 중 “법 제167조제2항”을 “법 제185조제2항”으로 하고, 같은 조 제3호 중 “법 제171조제1항”을 “법 제190조제1항”으로 한다.

제3조제1호 중 "법 제171조의2제2항"을 "법 제191조제2항"으로 하고, 같은 조 제4호 중 "법 제167조, 제171조 및 제171조의2"를 "법 제185조, 제190조 및 제191조"로 한다.

제7조제1항 각 호 외의 부분 중 "법 제167조"를 "법 제185조"로 하고, 같은 조 제2항 각 호 외의 부분 중 "법 제171조제2항"을 "제190조제2항"으로 한다.

제10조제1항 본문 중 "법 제167조, 제171조 및 제171조의2제2항"을 "법 제185조, 제190조 및 제191조제2항"으로 한다.

제16조 각 호 외의 부분 중 "법 제171조의2제1항"을 "법 제191조제1항"으로 한다.

〈54〉 지방자치법 제139조제1항 단서에 따른 전국적 통일이 필요한 수수료의 징수기준에 관한 규정 일부를 다음과 같이 개정한다.

제명 "지방자치법 제139조제1항 단서에 따른 전국적 통일이 필요한 수수료의 징수기준에 관한 규정"을 "지방자치법 제156조제1항 단서에 따른 전국적 통일이 필요한 수수료의 징수기준에 관한 규정"으로 한다.

제1조 및 제2조 중 "「지방자치법」 제139조제1항 단서"를 각각 "「지방자치법」 제156조제1항 단서"로 한다.

〈55〉 지방자치분권 및 지방행정체제개편에 관한 특별법 시행령 일부를 다음과 같이 개정한다.

제2조 후단 중 "「지방자치법」 제165조"를 "「지방자치법 」 제182조"로 한다.

제21조의2제3항제3호 중 "「지방자치법」 제165제1항"을 "「지방자치법」 제182조제1항"으로 한다.

〈56〉 지방재정법 시행령 일부를 다음과 같이 개정한다.

제11조제4항 중 "「지방자치법」 제159조"를 "「지방자치법 」 제

176조”로 한다.

제35조의7제1항제1호 중 “「지방자치법」 제134조제1항”을 “「지방자치법」 제150조제1항”으로 한다.

제64조제1항제1호 중 “「지방자치법」 제133조제2항”을 “「지방자치법」 제149조제2항”으로 하고, 같은 항 제2호 중 “「지방자치법」 제134조제2항”을 “「지방자치법」 제150조제2항”으로 한다.

〈57〉 지방행정제재·부과금의 징수 등에 관한 법률 시행령 일부를 다음과 같이 개정한다.

제22조제1항제3호 중 “「지방자치법」 제165조제1항”을 “「지방자치법」 제182조제1항”으로 한다.

〈58〉 지방회계법 시행령 일부를 다음과 같이 개정한다.

제3조제6호 중 “「지방자치법」 제104조제3항”을 “「지방자치법」 제117조제3항”으로 한다.

제6조제1항제3호 중 “「지방자치법」 제165조제1항”을 “「지방자치법」 제182조제1항”으로 한다.

제10조제1항 중 “「지방자치법」 제134조제1항 전단”을 “「지방자치법」 제150조제1항 전단”으로 한다.

〈59〉 지역문화진흥법 시행령 일부를 다음과 같이 개정한다.

제16조제1항 중 “「지방자치법」 제175조에 따른 서울특별시와 광역시”를 “「지방자치법」 제198조에 따른 서울특별시·광역시 및 특별자치시”로 한다.

〈60〉 지역보건법 시행령 일부를 다음과 같이 개정한다.

제3조제1항 전단 중 “「지방자치법 시행령」 제73조제2항”을 “「지방자치법 시행령」 제71조제2항”으로 한다.

제8조제2항 전단 중 “「지방자치법 시행령」 제75조”를 “「지방자치법 시행령」 제73조”로 한다.

〈61〉 지적재조사에 관한 특별법 시행령 일부를 다음과 같이 개정한다.

제6조제1항 중 "「지방자치법」 제175조"를 "「지방자치법」 제198조제1항"으로 한다.

〈62〉 청년기본법 시행령 일부를 다음과 같이 개정한다.

제13조제1항 각 호 외의 부분 중 "「지방자치법」 제165조제1항제1호 및 제3호"를 "「지방자치법」 제182조제1항제1호 및 제3호"로 한다.

〈63〉 폐기물처리시설 설치촉진 및 주변지역지원 등에 관한 법률 시행령 일부를 다음과 같이 개정한다.

제10조제6항 및 제12조제1항 각 호 외의 부분 중 "「지방자치법」 제159조"를 각각 "「지방자치법」 제176조"로 한다.

〈64〉 해양수산과학기술 육성법 시행령 일부를 다음과 같이 개정한다.

제6조제5호 중 "「지방자치법」 제113조 또는 제114조"를 "「지방자치법」 제126조 또는 제127조"로 한다.

〈65〉 환경개선비용 부담법 시행령 일부를 다음과 같이 개정한다.

별표 7 제2호 비고 제1호 단서 중 "「지방자치법」 제4조제1항"을 "「지방자치법」 제5조제1항"으로 한다.

〈66〉 환경분야 시험·검사 등에 관한 법률 시행령 일부를 다음과 같이 개정한다.

제17조제1항 중 "「지방자치법」 제175조"를 "「지방자치법」 제198조제1항"으로 한다.

제6조(다른 법령과의 관계) 이 영 시행 당시 종전의 「지방자치법 시행령」의 규정을 인용하고 있는 경우에는 이 영 가운데 그에 해당하는 규정이 있으면 종전의 규정을 갈음하여 이 영의 해당 규정을 인

용한 것으로 본다.

부칙 〈제32294호, 2021. 12. 31.〉 (지방세기본법 시행령)

제1조(시행일) 이 영은 2022년 1월 1일부터 시행한다. 〈단서 생략〉

제2조 부터 제5조까지 생략

제6조(다른 법령의 개정) 대통령령 제32223호 지방자치법 시행령 전부개정령안 일부를 다음과 같이 개정한다.

부칙 제5조제48항 중 "제93조의2제2항제2호"를 "제93조의3제2항제2호"로 한다.

부칙 〈제32930호, 2022. 10. 4.〉 (행정기관 소속 위원회 정비를 위한 국민 제안 규정 등 4개 법령의 일부개정에 관한 대통령령)

제1조(시행일) 이 영은 공포한 날부터 시행한다. 다만, ··· 〈생략〉 ··· 제3조의 개정규정은 공포 후 6개월이 경과한 날부터 시행한다.

제2조 및 제3조 생략

부칙 〈제33621호, 2023. 7. 7.〉 (지방자치분권 및 지역균형발전에 관한 특별법 시행령)

제1조(시행일) 이 영은 2023년 7월 10일부터 시행한다.

제2조 부터 제11조까지 생략

제12조(다른 법령의 개정) ①부터 ㉛까지 생략

㉜ 지방자치법 시행령 일부를 다음과 같이 개정한다.

제11조제3항을 다음과 같이 한다.

③ 제2항에 따른 협의요청서를 받은 행정안전부장관은 해당 법

령안이 법에 따른 사무배분의 기본원칙 및 기준과 사무처리의 기본원칙에 적합한지를 검토하고, 그 검토의견을 해당 중앙행정기관의 장에게 통보해야 한다.

제71조제9항 중 "「지방자치분권 및 지방행정체제개편에 관한 특별법」 제42조제1항 후단"을 "「지방자치분권 및 지역균형발전에 관한 특별법」 제60조제1항 후단"으로 한다.

제119조제3호 중 "「국가균형발전 특별법」"을 "「지방자치분권 및 지역균형발전에 관한 특별법」"으로 한다.

㉝부터 ㊴까지 생략

제13조 및 제14조 생략

부칙 〈제33966호, 2023. 12. 14.〉

제1조(시행일) 이 영은 공포한 날부터 시행한다.

제2조(의정활동비 결정 및 적용기간에 관한 특례) ① 지방자치단체는 별표 5의 개정규정에 따라 의정활동비를 새로 정하려는 경우에는 제35조제1항에도 불구하고 이 영 시행 후 3개월 이내에 제34조 및 제35조제2항부터 제9항까지의 규정에 따라 의정비심의회를 구성·운영하여 해당 의정활동비의 지급 기준을 결정하도록 해야 한다.

② 지방자치단체는 제1항에 따라 의정비심의회가 결정한 지급 기준 이내에서 해당 지방자치단체의 조례로 의정활동비를 정한 경우에는 제35조제1항에도 불구하고 2024년 1월부터 임기만료에 의한 지방의회의원 선거가 있는 해까지 해당 의정활동비를 지급한다.

제3조(부시장·부군수·부구청장의 직급 상향에 따른 경과조치) 이 영 시행 전에 임명된 부시장·부군수 및 부구청장의 직급기준에 관하여는 제71조제7항제3호의 개정규정에 따라 부시장·부군수 및 부구청장이 새로 임명될 때까지 종전의 제71조제7항제1호에 따른다.

부칙 〈제34488호, 2024. 5. 7.〉 (문화유산의 보존 및 활용에 관한 법률 시행령)

제1조(시행일) 이 영은 2024년 5월 17일부터 시행한다.

제2조 및 제3조 생략

제4조(다른 법령의 개정) ①부터 ㊺까지 생략

㊻ 지방자치법 시행령 일부를 다음과 같이 개정한다.

별표 1 제5호다목란을 다음과 같이 한다.

다. 시ㆍ도유산의 지정ㆍ등록ㆍ보존 및 관리	1) 시ㆍ도 지정ㆍ등록유산과 문화유산자료 및 자연유산자료(이하 이 목에서 "시ㆍ도지정유산등"이라 한다)의 지정ㆍ보존 및 관리 2) 시ㆍ도지정유산등의 보호물 또는 보호구역의 지정과 그 해제 3) 시ㆍ도무형유산의 보유자 또는 보유단체의 인정과 그 해제 4) 시ㆍ도 지정ㆍ등록유산의 반출 허가 5) 관할 구역 내 국유에 속하는 국가지정문화유산ㆍ천연기념물ㆍ명승 중 국가가 직접 관리하지 않는 국가지정문화유산ㆍ천연기념물ㆍ명승의 보존ㆍ관리	1) 시ㆍ도지정유산등의 보존ㆍ관리 2) 비지정국가유산(향토유적 등)의 보존ㆍ관리 3) 지방민속자료 발굴ㆍ조사 4) 관할 구역 내 국유에 속하는 국가지정문화유산ㆍ천연기념물ㆍ명승 중 국가가 직접 관리하지 않는 국가지정문화유산ㆍ천연기념물ㆍ명승의 보존ㆍ관리

㊼부터 〈53〉까지 생략

제5조 생략

부칙 〈제34657호, 2024. 7. 2.〉 (벤처기업육성에 관한 특별법 시행령)

제1조(시행일) 이 영은 2024년 7월 10일부터 시행한다. 〈단서 생략〉

제2조(다른 법령의 개정) ①부터 ㊹까지 생략

㊺ 지방자치법 시행령 일부를 다음과 같이 개정한다.

별표 3 제11호 중 "「벤처기업육성에 관한 특별조치법」"을 "「벤처기업육성에 관한 특별법」"으로 한다.

㊻부터 〈55〉까지 생략

제3조 생략

부칙 〈제35149호, 2024. 12. 31.〉

제1조(시행일) 이 영은 공포한 날부터 시행한다. 다만, 제71조제7항의 개정규정은 2025년 1월 1일부터 시행한다.

제2조(의정비심의회의 구성에 관한 경과조치) 이 영 시행 당시 종전의 제34조제2항에 따라 구성된 의정비심의회는 제34조제2항 후단의 개정규정에 따른 기준에 적합하게 구성된 것으로 본다. 다만, 이 영 시행 이후 의정비심의회의 위원을 위촉하는 경우 제34조제2항 후단의 개정규정에 따른 기준을 충족할 때까지 지방의회의 의장이 아닌 자가 추천한 사람을 위원으로 위촉해야 한다.

제3조(부시장 등의 직급기준 상향에 따른 경과조치) 부칙 제1조 단서에 따른 시행일 전에 임명된 인구 5만 미만의 시·군과 광역시의 자치구의 부시장·부군수 및 부구청장의 직급기준에 관하여는 제71조제7항제1호의 개정규정에 따라 부시장·부군수 및 부구청장이 새로 임명될 때까지 종전의 제71조제7항제1호에 따른다.

부칙 〈제35736호, 2025. 9. 9.〉

제1조(시행일) 이 영은 공포한 날부터 시행한다. 다만, 제11조의 개정규정 및 부칙 제2조는 2025년 10월 2일부터 시행한다.

제2조(다른 법령의 개정) ① 법령정보의 관리 및 제공에 관한 법률

시행령 일부를 다음과 같이 개정한다.

제2조제2항제6호 중 "「지방자치법 시행령」 제11조"를 "「지방자치법」 제15조의2 및 같은 법 시행령 제11조"로 한다.

② 법제업무 운영규정 중 일부를 다음과 같이 개정한다.

제11조제6항제4호 중 "「지방자치법 시행령」 제11조"를 "「지방자치법」 제15조의2"로 한다.

별표 / 서식

[별표 1] 지방자치단체의 종류별 사무(제10조제1항 관련)

[별표 2] 자치구에서 처리하지 않고 특별시·광역시에서 처리하는 사무(제10조제2항 관련)

[별표 3] 인구 50만 이상의 시가 직접 처리할 수 있는 도의 사무(제10조제3항 관련)

[별표 4] 인구 100만 이상 대도시가 직접 처리할 수 있는 도의 사무(제10조제4항 관련)

[별표 5] 지방의회의원 의정활동비 지급범위(제33조제1항제1호 관련)

[별표 6] 지방의회의원 여비 지급기준(제33조제1항제3호 관련)

[별표 7] 행정(1)부시장·행정(1)부지사와 행정(2)부시장·행정(2)부지사의 사무분장(제71조제6항 관련)

대한민국 법령 시리즈 247

지방자치법

법 령 / 시 행 령

2025년 9월 22일 인쇄 정가 21,000원
2025년 10월 2일 발행

편 저 편집부
디 자 인 송영미
발 행 인 조준형
발 행 처 해광출판사
http://www.hgbookpub.com
E-mail : munbookcokr@naver.com
주 소 부산광역시 중구 해관로 41-1 (중앙동2가)
전화번호 (051) 253-0001 팩스 (051) 245-1187
등 록 제 2012-000005호

해광출판사에서는 여러분의 소중한 원고와 함께 할 기회를 기다리고 있습니다. 책으로 엮을 원고나 아이디어가 있으신 분들은 이메일 munbookcokr@naver.com 로 책에 대한 간단한 개요와 원고 전체 또는 일부를 연락처와 함께 보내주십시오.

ISBN 979-11-6881-894-1

※ 법령 출처 : 법제처 국가법령정보센터
※ 본 도서는 〈공공데이터 제공 및 이용 활성화에 관한 법률〉을 근거로 출판되었습니다.

해광출판사 대한민국 법령 시리즈

001. 선원법
002. 어선법
003. 선박직원법
004. 해사안전기본법
005. 해양환경관리법
006. 선박의 입항 및 출항등에 관한 법률
007. 학교안전사고예방 및 보상에 관한 법률
008. 종합부동산세법
009. 방위사업법
010. 행정규제기본법
011. 식품산업진흥법
012. 위험물안전관리법
013. 화재의 예방 및 안전관리에 관한 법률
014. 도시가스사업법
015. 실내공기질관리법
016. 지방세법
017. 소득세법
018. 법인세법
019. 도선법
020. 선박안전법
021. 선박법
022. 수산업법
023. 고압가스안전관리법
024. 국민연금법
025. 공동주택관리법
026. 화학물질관리법
027. 어선원 및 어선 재해보상보험법
028. 장기등 이식에 관한 법률
029. 자연재해대책법
030. 공유재산 및 물품 관리법
031. 산업입지 및 개발에 관한 법률
032. 부정경쟁방지 및 영업비밀보호에 관한 법률
033. 금융지주회사법
034. 온실가스 배출권의 할당 및 거래에 관한 법률
035. 건축사법
036. 산림문화휴양에 관한 법률
037. 전기사업법
038. 사립학교법
039. 고등교육법
040. 액화석유가스의 안전관리 및 사업법
041. 선박투자회사법
042. 수산자원관리법
043. 위험물선박운송및저장규칙
044. 선박평형수관리법
045. 주택임대차보호법
046. 상가건물임대차보호법
047. 지방공기업법
048. 승강기안전관리법
049. 수목원·정원의 조성 및 진흥에 관한 법률
050. 민법
051. 치료감호 등에 관한 법률
052. 대부업 등의 등록 및 금융이용자 보호에 관한 법률
053. 사료관리법
054. 무형문화재 보전 및 진흥에 관한 법률
055. 총포·도검·화약류 등의 안전관리에 관한 법률
056. 경찰관직무집행법
057. 시설물의 안전 및 유지관리에 관한 특별법
058. 수산생물질병 관리법
059. 소비자기본법
060. 국제선박등록법
061. 정보통신망 이용촉진 및 정보보호 등에 관한 법률
062. 해운법
063. 농수산물 품질관리법
064. 수산업협동조합법
065. 해외건설촉진법
066. 수상레저안전법
067. 공무원재해보상법
068. 수상에서의 수색·구조 등에 관한 법률
069. 어촌어항법
070. 항만법
071. 항만운송사업법
072. 해양경비법
073. 해양사고의 조사 및 심판에 관한 법률
074. 외국인근로자의 고용 등에 관한 법률
075. 중소기업기본법
076. 자유무역지역의 지정 및 운영에 관한 법률
077. 대기환경보전법
078. 소음진동관리법
079. 폐기물관리법
080. 하수도법
081. 물환경보전법
082. 토양환경보전법
083. 환경정책기본법
084. 산업재해보상보험법
085. 관세법
086. 노동조합 및 노동관계조정법
087. 근로기준법
088. 군인연금법
089. 먹는물관리법
090. 기술보증기금법
091. 관광진흥법
092. 감염병의 예방 및 관리에 관한 법률
093. 사법경찰관리의 직무를 수행할 자와 그 직무범위에 관한 법률
094. 수의사법
095. 가정폭력방지 및 피해자보호 등에 관한 법률
096. 환경영향평가법
097. 체육시설의 설치 · 이용에 관한 법률
098. 장사 등에 관한 법률
099. 상호저축은행법
100. 은행법
101. 보호관찰 등에 관한 법률
102. 형법
103. 자동차관리법
104. 형사소송법
105. 전자금융거래법
106. 마약류 불법거래 방지에 관한 특례법
107. 도로법
108. 주세법
109. 변리사법
110. 하천법
111. 중소기업진흥에 관한 법률
112. 발달장애인 권리보장 및 지원에 관한 법률
113. 주택법
114. 장애인복지법
115. 농어업경영체 육성 및 지원에 관한 법률
116. 공인중개사법
117. 건강기능식품에 관한 법률
118. 예비군법
119. 개발제한구역의 지정 및 관리에 관한 특별조치법
120. 국유재산법
121. 주차장법
122. 환경기술 및 환경산업 지원법
123. 대기관리권역의 대기환경개선에 관한 특별법
124. 악취방지법
125. 미세먼지 저감 및 관리에 관한 특별법
126. 가축분뇨의 관리 및 이용에 관한 법률
127. 물의 재이용 촉진 및 지원에 관한 법률
128. 물관리기본법
129. 물관리기술 발전 및 물산업 진흥에 관한 법률
130. 자원의 절약과 재활용촉진에 관한 법률
131. 전기 · 전자제품 및 자동차의 자원순환에 관한 법률
132. 건설폐기물의 재활용촉진에 관한 법률
133. 수도권매립지관리공사의 설립 및 운영 등에 관한 법률
134. 폐기물의 국가 간 이동 및 그 처리에 관한 법률
135. 폐기물처리시설 설치촉진 및 주변지역지원 등에 관한 법률
136. 자원순환기본법
137. 잔류성오염물질 관리법
138. 환경분쟁 조정법

해광출판사 대한민국 법령 시리즈

139. 화학물질의 등록 및 평가 등에 관한 법률
140. 환경오염시설의 통합관리에 관한 법률
141. 환경오염피해 배상책임 및 구제에 관한 법률
142. 중소기업제품 구매촉진 및 판로지원에 관한 법률
143. 환경개선비용 부담법
144. 환경분야 시험·검사 등에 관한 법률
145. 환경친화적 산업구조로의 전환촉진에 관한 법률
146. 환경친화적 자동차의 개발 및 보급 촉진에 관한 법률
147. 환경범죄 등의 단속 및 가중처벌에 관한 법률
148. 생명윤리 및 안전에 관한 법률
149. 장애인차별금지 및 권리구제 등에 관한 법률
150. 부동산투자회사법
151. 정치자금법
152. 과학기술기본법
153. 대리점거래의 공정화에 관한 법률
154. 상속세 및 증여세법
155. 학원의 설립 · 운영 및 과외교습에 관한 법률
156. 해양심층수의 개발 및 관리에 관한 법률
157. 전기용품 및 생활용품 안전관리법
158. 사회기반시설에 대한 민간투자법
159. 공직선거법
160. 정당법
161. 유류오염손해배상 보장법
162. 부정청탁 및 금품등 수수의 금지에 관한 법률
163. 항로표지법
164. 어장관리법
165. 민방위기본법
166. 공직자윤리법
167. 선거관리위원회법
168. 유선 및 도선 사업법
169. 전기공사업법
170. 사회복지사업법
171. 택지개발촉진법
172. 국가공무원법
173. 민간임대주택에 관한 특별법
174. 어음법·수표법
175. 민사집행법
176. 상법
177. 문화예술진흥법
178. 중소기업협동조합법
179. 농업협동조합법
180. 도로교통법
181. 의료사고 피해구제 및 의료분쟁 조정 등에 관한 법률
182. 산림보호법
183. 소년법
184. 동물보호법
185. 건축물관리법
186. 도시개발법
187. 화물자동차 운수사업법
188. 도시 및 주거환경정비법
189. 의료법
190. 국회법
191. 응급의료에 관한 법률
192. 출입국관리법
193. 노인복지법
194. 산림자원의 조성 및 관리에 관한 법률
195. 청소년 보호법
196. 초 · 중등교육법
197. 혁신도시 조성 및 발전에 관한 특별법
198. 경제자유구역의 지정 및 운영에 관한 특별법
199. 공공기관의 운영에 관한 법률
200. 대한민국헌법
201. 국민기초생활 보장법
202. 저작권법
203. 가사소송법
204. 국가유공자 등 예우 및 지원에 관한 법률
205. 국민체육진흥법
206. 전통주 등의 산업진흥에 관한 법률
207. 재난 및 안전관리 기본법
208. 정보통신공사업법
209. 주식회사 등의 외부감사에 관한 법률
210. 공익사업을 위한 토지 등의 취득 및 보상에 관한 법률
211. 개인정보 보호법
212. 국세기본법
213. 에너지이용 합리화법
214. 감정평가 및 감정평가사에 관한 법률
215. 국가인권위원회법
216. 가맹사업거래의 공정화에 관한 법률
217. 보건의료기본법
218. 산업안전보건법
219. 법무사법
220. 교육공무원법
221. 특허법
222. 민사소송법
223. 아동복지법
224. 전파법
225. 하도급거래 공정화에 관한 법률
226. 기초연금법
227. 사립학교교직원 연금법
228. 직업안정법
229. 장애아동 복지지원법
230. 부동산등기법
231. 자동차손해배상 보장법
232. 철도안전법
233. 항공안전법
234. 전자상거래 등에서의 소비자보호에 관한 법률
235. 독점규제 및 공정거래에 관한 법률
236. 상표법
237. 채무자 회생 및 파산에 관한 법률
238. 공무원연금법
239. 축산법
240. 근로복지기본법
241. 민원 처리에 관한 법률
242. 약사법
243. 방문판매 등에 관한 법률
244. 건축기본법
245. 지방세기본법
246. 지방세징수법
247. 지방자치법
248. 도시교통정비 촉진법
249. 공공주택 특별법
250. 국세징수법
251. 공인노무사법
252. 중대재해 처벌 등에 관한 법률
253. 외무공무원법
254. 소방시설공사업법
255. 검역법
256. 공중위생관리법
257. 할부거래에 관한 법률
258. 인터넷 멀티미디어 방송사업법
259. 전기통신사업법
260. 제품안전기본법
261. 철도사업법
262. 어린이제품 안전 특별법
263. 영유아보육법
264. 원자력안전법
265. 보험업법
266. 경비업법
267. 교통안전법
268. 세무사법
269. 관세사법
270. 공인회계사법
271. 지방공무원법
272. 고용정책 기본법
273. 국가경찰과 자치경찰의 조직 및 운영에 관한 법률
274. 협동조합 기본법
275. 재해구호법
276. 환경보건법

해광출판사 대한민국 법령 시리즈

277. 자살예방 및 생명존중문화 조성을 위한 법률
278. 소방산업의 진흥에 관한 법률
279. 소방기본법
280. 비송사건절차법
281. 자연환경보전법
282. 변호사법
283. 기업구조조정투자회사법
284. 전기통신기본법
285. 에너지법
286. 해양생태계의 보전 및 관리에 관한 법률
287. 사회보장기본법
288. 통신비밀보호법
289. 공증인법
290. 물류시설의 개발 및 운영에 관한 법률
291. 청소년활동 진흥법
292. 형의 집행 및 수용자의 처우에 관한 법률
293. 도시공원 및 녹지 등에 관한 법률
294. 태권도 진흥 및 태권도공원 조성 등에 관한 법률
295. 녹색건축물 조성 지원법
296. 우편법
297. 예금자보호법
298. 건설산업기본법
299. 금융회사의 지배구조에 관한 법률
300. 장애인활동 지원에 관한 법률
301. 언론중재 및 피해구제 등에 관한 법률
302. 국가재정법
303. 농지법
304. 게임산업진흥에 관한 법률
305. 정신건강증진 및 정신질환자 복지서비스 지원에 관한 법률
306. 디자인보호법
307. 의료기사 등에 관한 법률
308. 스마트도시 조성 및 산업진흥 등에 관한 법률
309. 내수면어업법
310. 한국주택금융공사법
311. 의료기기법
312. 유통산업발전법
313. 전통시장 및 상점가 육성을 위한 특별법
314. 여신전문금융업법
315. 해외자원개발 사업법
316. 산업교육진흥 및 산학연협력촉진에 관한 법률
317. 빈집 및 소규모주택 정비에 관한 특례법
318. 기업도시개발 특별법
319. 전력기술관리법
320. 국토기본법
321. 지하수법
322. 식품위생법
323. 광업법
324. 호스피스·완화의료 및 임종과정에 있는 환자의 연명의료결정에 관한 법률
325. 주식·사채 등의 전자등록에 관한 법률
326. 표시·광고의 공정화에 관한 법률
327. 골재채취법
328. 국민건강증진법
329. 새마을금고법
330. 여객자동차 운수사업법
331. 마리나항만의 조성 및 관리 등에 관한 법률
332. 한부모가족지원법
333. 국가를 당사자로 하는 계약에 관한 법률
334. 지방자치단체를 당사자로 하는 계약에 관한 법률
335. 축산물 위생관리법
336. 병역법
337. 음악산업진흥에 관한 법률
338. 국가균형발전 특별법
339. 첨단재생의료 및 첨단바이오의약품 안전 및 지원에 관한 법률
340. 공간정보의 구축 및 관리 등에 관한 법률
341. 공유수면 관리 및 매립에 관한 법률
342. 농수산물 유통 및 가격안정에 관한 법률
343. 아시아문화중심도시 조성에 관한 특별법
344. 신탁법
345. 자연공원법
346. 생활화학제품 및 살생물제의 안전관리에 관한 법률
347. 군인사법
348. 국제조세조정에 관한 법률
349. 낙동강수계 물관리 및 주민지원 등에 관한 법률
350. 주민등록법
351. 집합건물의 소유 및 관리에 관한 법률
352. 집단에너지사업법
353. 산림조합법
354. 반도체집적회로의 배치설계에 관한 법률
355. 자본시장과 금융투자업에 관한 법률
356. 담보부사채신탁법
357. 근로자퇴직급여 보장법
358. 국제과학비즈니스벨트 조성 및 지원에 관한 특별법
359. 수도법
360. 식품 등의 표시 · 광고에 관한 법률
361. 약관의 규제에 관한 법률
362. 인삼산업법
363. 종자산업법
364. 항공사업법
365. 건설기계관리법
366. 군형법
367. 궤도운송법
368. 기술의 이전 및 사업화 촉진에 관한 법률
369. 농수산물의 원산지 표시 등에 관한 법률
370. 담배사업법
371. 석유 및 석유대체연료 사업법
372. 가축전염병 예방법
373. 농어촌정비법
374. 식물신품종 보호법
375. 항공보안법
376. 중소기업창업 지원법
377. 군사법원법
378. 우주개발 진흥법
379. 해저광물자원 개발법
380. 산림복지 진흥에 관한 법률
381. 지능형 로봇 개발 및 보급 촉진법
382. 헌법재판소법
383. 옥외광고물 등의 관리와 옥외광고산업 진흥에 관한 법률
384. 혈액관리법
385. 국제항해선박 등에 대한 해적행위 피해예방에 관한 법률
386. 유료도로법
387. 독립유공자예우에 관한 법률
388. 신에너지 및 재생에너지 개발 · 이용 · 보급 촉진법
389. 신용정보의 이용 및 보호에 관한 법률
390. 출판문화산업 진흥법
391. 공항시설법
392. 국민 평생 직업능력 개발법
393. 아동 · 청소년의 성보호에 관한 법률
394. 방송법쉬
395. 신용보증기금법
396. 화장품법
397. 청소년 기본법
398. 인터넷주소자원에 관한 법률
399. 양곡관리법
400. 도로명주소법
401. 전자문서 및 전자거래 기본법
402. 산업기술의 유출방지 및 보호에 관한 법률
403. 국가기술자격법
404. 양식산업발전법
405. 산업기술혁신 촉진법
406. 새만금사업 추진 및 지원에 관한 특별법
407. 전자정부법
408. 지역 개발 및 지원에 관한 법률
409. 한국농어촌공사 및 농지관리기금법
410. 계량에 관한 법률
411. 기업활동 규제완화에 관한 특별조치법
412. 군에서의 형의 집행 및 군수용자의 처우에 관한 법률

해광출판사 대한민국 법령 시리즈

413. 규제자유특구 및 지역특화발전특구에 관한 규제특례법
414. 금융위원회의 설치 등에 관한 법률
415. 남녀고용평등과 일·가정 양립 지원에 관한 법률
416. 농어업인 삶의 질 향상 및 농어촌지역 개발촉진에 관한 특별법
417. 댐건설·관리 및 주변지역지원 등에 관한 법률
418. 국가유산수리 등에 관한 법률
419. 법원조직법
420. 보훈보상대상자 지원에 관한 법률
421. 부패방지 및 국민권익위원회의 설치와 운영에 관한 법률
422. 과학기술분야 정부출연연구기관 등의 설립·운영 및 육성에 관한 법률
423. 연구개발특구의 육성에 관한 특별법
424. 친환경농어업 육성 및 유기식품 등의 관리·지원에 관한 법률
425. 연안관리법
426. 영화 및 비디오물의 진흥에 관한 법률
427. 신용협동조합법
428. 방송통신발전 기본법
429. 범죄피해자 보호법
430. 가축 및 축산물 이력관리에 관한 법률
431. 국가표준기본법
432. 국가통합교통체계효율화법
433. 범죄인 인도법
434. 국가과학기술 경쟁력 강화를 위한 이공계지원 특별법
435. 국제경기대회 지원법
436. 금융혁신지원 특별법
437. 수자원의 조사·계획 및 관리에 관한 법률
438. 축산자조금의 조성 및 운용에 관한 법률
439. 소방시설 설치 및 관리에 관한 법률
440. 양성평등기본법
441. 축산계열화사업에 관한 법률
442. 수입식품안전관리 특별법
443. 대외무역법
444. 국가연구개발사업 등의 성과평가 및 성과관리에 관한 법률
445. 무역보험법
446. 기술사법
447. 광산안전법
448. 농약관리법
449. 농업·농촌 및 식품산업 기본법
450. 문화산업진흥 기본법
451. 부담금관리 기본법
452. 야생생물 보호 및 관리에 관한 법률
453. 한국은행법
454. 별정우체국법
455. 원양산업발전법
456. 콘텐츠산업 진흥법
457. 한국수출입은행법
458. 외국인투자 촉진법
459. 물류정책기본법
460. 전자서명법
461. 산업발전법
462. 산업표준화법
463. 소프트웨어 진흥법
464. 토지이용규제 기본법
465. 해수욕장의 이용 및 관리에 관한 법률
466. 정보통신 진흥 및 융합 활성화 등에 관한 특별법
467. 정보통신산업 진흥법
468. 지진·화산재해대책법
469. 소금산업진흥법
470. 위치정보의 보호 및 이용 등에 관한 법률
471. 외국법자문사법
472. 이러닝(전자학습)산업 발전 및 이러닝 활용 촉진에 관한 법률
473. 암관리법
474. 실용신안법
475. 가족관계의 등록 등에 관한 법률
476. 무인도서의 보전 및 관리에 관한 법률
477. 감사원법
478. 정보보호산업의 진흥에 관한 법률
479. 결혼중개업의 관리에 관한 법률
480. 공익신고자 보호법
481. 박물관 및 미술관 진흥법
482. 낚시 관리 및 육성법
483. 동산·채권 등의 담보에 관한 법률
484. 임금채권보장법
485. 국민투표법
486. 농림수산업자 신용보증법
487. 국가채권 관리법
488. 중소기업은행법
489. 식품안전기본법
490. 외국환거래법
491. 발명진흥법
492. 건설기술 진흥법
493. 기후위기 대응을 위한 탄소중립·녹색성장 기본법
494. 인체조직안전 및 관리 등에 관한 법률
495. 엔지니어링산업 진흥법
496. 신문 등의 진흥에 관한 법률
497. 식물방역법
498. 석탄산업법
499. 산업융합 촉진법
500. 비료관리법
501. 임업 및 산촌 진흥촉진에 관한 법률
502. 복권 및 복권기금법
503. 대규모유통업에서의 거래 공정화에 관한 법률
504. 뉴스통신 진흥에 관한 법률
505. 지능정보화 기본법
506. 자격기본법
507. 중소기업 기술혁신 촉진법
508. 국가공간정보 기본법
509. 농어업재해대책법
510. 방송광고판매대행 등에 관한 법률
511. 지식재산 기본법
512. 초고층 및 지하연계 복합건축물 재난관리에 관한 특별법
513. 해양 조사와 해양정보 활용에 관한 법률
514. 공간정보산업 진흥법
515. 공공기관의 정보공개에 관한 법률
516. 행정기본법
517. 해상교통안전법
518. 농어업재해보험법
519. 문화유산의 보존 및 활용에 관한 법률
520. 자연유산의 보존 및 활용에 관한 법률
521. 국토의 계획 및 이용에 관한 법률
522. 건축법
523. 국민건강보험법
524. 계엄법
525. 환경친화적 선박의 개발 및 보급 촉진에 관한 법률
526. 해양폐기물 및 해양오염퇴적물 관리법
527. 연안사고 예방에 관한 법률
528. 전기안전관리법
529. 의약품 등의 안전에 관한 규칙
530. 공공보건의료에 관한 법률
531. 군보건의료에 관한 법률
532. 농어촌 등 보건의료를 위한 특별조치법
533. 보호소년 등의 처우에 관한 법률
534. 국가를 당사자로 하는 소송에 관한 법률
535. 간호법
536. 국립묘지의 설치 및 운영에 관한 법률
537. 주류 면허 등에 관한 법률
538. 부가가치세법
539. 자율운항선박 개발 및 상용화 촉진에 관한 법률

*** 해광출판사의 법령 시리즈는 계속 발행 됩니다.**
**** 각 도서의 개정판은 인쇄일을 기준으로 제작 되었습니다.**